パートさんは
敵かミカタか

パートさんの

取扱説明書（トリセツ）

赤沼 留美子

パートアルバイト労働総合研究室

ボスパート妖怪図鑑

妖怪名
「女王様」

妖怪名
「ジコチュー」

妖怪名
「言いたい放題」

妖怪名
「被害者ブル」

妖怪名
「レジェンド」

妖怪名
「本性ダースベイダー」

妖怪名
「新しいことムリです
おばさん」

番外編

「マニュアルいらない
おじさん」

「スルーする上司」

1

はじめに

本書はパートさんのトリセツ（取扱説明書）です。

パートアルバイトさんを主戦力としてビジネスを展開している
・会社のトップのあなたに
・会社の人事を任されているあなたに
・現場のパートアルバイトさんの上司であるチーフさん、店長さんへ

なぜあなたの現場では
・パートアルバイトさんがこんなに辞めていくのか？
・現場の若い社員さんが次々と辞めていくのか？
・いまだに人手不足なのか？
・採用コストがこんなにかかるのか？

辞めていく「原因」がわかれば「打ち手」が見えてきます。その原因は人によっていくつかあるとは思いますが、私はパートアルバイトさん育成の専門家としてこの26年間、さらに自身のアルバイト時代も含めると約30年間、主に小売の現場を見てまいりました。そこから見えてきた**他の本に書かれていない部分**をお伝えしたいと思い筆を執りました。

パートアルバイトさんが多く働いている現場の、諸問題の

原因。それは、「パートアルバイトさんのマネジメント」に原因があると、私はにらんでいます。

　多くの企業では、現場の若手社員が辞めないように研修会で横つながりを促したり、その上司（ザ・昭和なマネジメント）の接し方を見直した方が良いのではないかと考え、上司向けにパワハラ防止研修会を企画したりします。どれも当てはまることなので、効果は見られるかもしれません。

　しかし１つ忘れないでいただきたい大きな存在。
　それは社員さん達の部下であり、仕事のパートナーであるパートアルバイトさんの存在です。

　私がお手伝いする職場の多くは、若手社員さんは現場唯一の正社員で、後は全員パートさん。しかも上司である社員さんが最年少で、部下はみんな自分より20歳も30歳も年上で、かつ仕事のキャリアも相当なもの。そんなところも少なくありません。現場で働く若手社員への心身への影響力、そしてやりにくさダントツです。

　中でも最も頭が痛い問題の１つが
「ボスパート」問題です。
　私が言うところの「ボスパート」
とは、自分より現場経験の浅い社員
管理職を軽く扱い、きつい言葉づか

いや態度で、職場のみなさんに精神的苦痛を与えながら実効支配している、悪質なパートさんのことを指します。

　ボスという日本語は、俳優の石原裕次郎さんも往年の刑事ドラマで「ボス」と呼ばれていましたから、必ずしも悪い意味とは限らないのですが、私が前述の特定のベテランパートさんたちを指す時は悪い意味で使用します。パートさん達の中には、今日その人と同じシフトだと思うと、朝、靴を履きながら吐き気がして出勤できなくなる人や、辞める人が何年も続出しているからです。

　私は、パートアルバイトさん100%で日々の店舗運営を良い状態で維持向上できることを目指して、この26年間活動してきました。パートアルバイトという商圏内に住む小さな働き手が、「ここで働けて本当に良かった」と思いながら働き、消費し、暮らせる世の中になることを願って仕事をしています。しかし多くの職場で「ボスパートさんの壁」にぶち当たります。

　コロナ禍で多くの企業は、存続のために正社員雇用はなんとか維持し、パートアルバイト雇用を先に切らざるを得ませんでした。これからさらに厳しくなっていくコロナ不況下では、またまた風景が変わりそうです。

　正社員かパートか派遣か…といった選択肢ではなく、そも

4

そも人に依存しない「DX（デジタルトランスフォーメーション）」を押し進めつつ、さらに正社員雇用をコンパクトにし、最前線でどうしても人の手を借りる必要がある現場のパートアルバイト比率を高めて経営をする。これはもう当然の流れであり、この先さらに多くの会社でもそういった方向性で準備を進めることと思います。

　そこで1点、ぜひあなたに気をつけていただきたいのがやはり「パートさん」の存在です。この方々、侮れません。
　DX含めた生産性向上の新しい施策は、実際は見えないところでボスパートさんに骨抜きにされてしまうのです。なぜなら古参のパートさんの多くは、新しいことは無理だとはっきり拒絶。最も生産性が高い（効率的）のは、慣れている従来の自分たちのやり方だと言って譲らないのですから。

　もしあなたが、とにかく「生産性向上」（投入する人件費を下げて売上高を上げろ！）をしろという表面的な指示をするならば、現場は本質的なことよりも、上に怒られないように、求められる結果の帳尻だけを合わせてきます。それも一側面としては大事ですが、トップから見えないところで大切なことが深く静かに蝕まれていくのです。

　無策で社員を減らし、単純にパート比率を高めることで、☠常に現場を把握している責任者が手薄になり店舗オペレーションのばらつきが広がります。

☠️そのバラつきを埋めるために、若手社員に、長時間勤務や休み減などの負荷がかかります。

☠️また、本部施策の徹底度が下がり、新しい取り組みがことごとく進まなくなります。

☠️たとえば自動発注や在庫管理システムなど、DXに巨額を投じても、現場でボスパートさんにより勝手に運用が変えられ骨抜きにされます。

☠️気がついたときにはお客様のクレームが増え、固定客離れが進み、売上が減っています。

☠️クレーム処理に、少ない社員が時間を取られ、疲弊して離職します。

☠️そんな会社に違和感を抱く新入社員が辞めていき、

☠️その様子を見ているパートアルバイトも辞めていき

☠️常に採用や新人育成の手間と費用がかかる負のスパイラルにはまります。

そして、パート比率を高めたことをきっと後悔します。

あなたの会社にはそうなって欲しくない。じゃあどうすればよいのか。

まずはトップであるあなたにぜひ、
☑️「パートアルバイトという働き手は何者なのか」という本質を理解していただきたいです。
社員とはまったく違う次元で働いています。扱いを間違え

てはいけないのです。

次に、

☑ パートアルバイトという働き手は「損益計算書のトップラインの数字を作っている人たち」であるという認識を、経営陣と新たに共有していただきたいです。

この人たちが日々商品を用意し、お客様からお金を受け取り、レジに入金されるからこそ、会社が成り立っています。この人たちがどんな状態で働いているのか、ぜひ関心を持っていただきたく、またボスパートさんに苦しめられていないだろうか、気にかけていただきたいのです。

そして、

☑ パートアルバイトという「謎」の働き手と向き合うマネジメント能力（知識＋技術）を、自社の店長や社員は有しているのか顧みてください。店長やチーフの持ち前の経験やキャラクターに依存しすぎていないだろうか。会社として社員さんたちに、部下であるパートさんたちにこう接してほしいという、方針や手段などのトリセツ（取扱説明書）を手渡しているだろうか。社員さんたちはボスパートさんの扱いに窮してはいないだろうか。

以上３点をぜひ顧みていただきたいのです。

本書では、**パートアルバイトさんという働き手の実態を明らかにする**ことで、そこをマネジメントする若い社員さんた

ちの苦悩をあぶり出し、**どうアプローチすればよいか**解決策を示すことを試みました。この本を手に取ってくださったあなたの会社が、パートアルバイトさんという地域の小さな雇用を保ち、かつ地域の繁盛店づくりを実現していただけますように。このパートさんのトリセツ（取扱説明書）がその一助となれたら嬉しく思います。

　　〜パートさんが元気なら会社は業績向上　家庭も明るい
きっとそんな日本は元気〜

　今日もまたパートさんが意気揚々と出勤してきて業績を上げてくれるお店づくり。
　どうぞあなたも私たちのこの活動の一味に加わってください（笑）。

目次

はじめに ———————————————————————— 2

序章　日本の流通サービス現場は
パートさんでできている ———————————— 13
　　１．働く人の４人に１人がパートアルバイトである
　　２．働く女性の２人に１人がパートアルバイトである
　　３．結論①〈日本は女性のパートさんでできている〉
　　４．結論②〈パートさんがからむ課題は「人事部」の
　　　　　　　　　課題ではなく「経営」課題である〉

第１章　現場はボスパートさんに占拠されている ——— 19
　　【番外編】パートさんにまつわるエトセトラ
　　□店長もなかなかな態度です
　　□ハローワークさんは何かをつかんでいる
　　□医療現場もなかなかな様子

第２章　パートさんは自分の職場をどう思っているのか
10000人調査から見えてくるもの ————— 51
　　１．質問票の見本
　　２．上司にはこんなかたちでフィードバック
　　３．経営のみなさんへのフィードバック
　　４．パートさん達10000人調査の結果
　　【番外編】店長は部下のパートさん達に対して
　　　　　　　　どう思っているのか

第３章　社員よりパートアルバイトさんを動かす方が
10倍難しいわけ ———————————————— 73
　　１．パートアルバイトさんマネジメントがどうして
　　　　難しいのか３つの統計を参考に考えます
　　２．そもそもパートアルバイトさんとは何者か
　　３．まとめ　パートさんはお安くない

第4章　パートさんはなぜボス化するのか——————— 87

　1．そもそも会社の上層部がマニュアル嫌いであること

　2．そもそも使えるマニュアル
　　　（基準が可視化されたもの）がない

**第5章　人事部・店長のためのパートさんのトリセツ
　　　　（ボス化・無法地帯の再発予防策）**——————— 95

　1．組織化する

　2．良い人と出会える求人採用面接の行い方

　3．最初が肝心
　　　新人パートさんを育てる仕組みの作り方

　4．【ルールを見てわかる化する】
　　　パートさんの働きやすさをつくり、トラブルを防ぐ
　　　「店舗の諸規則」について

　5．【仕事ぶり評価】

巻末付録1　パートさんを敵に回す店長のあれこれ10選——— 164

**巻末付録2　パートさんをミカタにつける
　　　　　　店長のあれこれ10選**————————————— 170

**巻末付録3　新人退職率100％だったあのスーパーで
　　　　　　ボスパートさんと向き合った勇気ある店長のお話**—— 176

あとがき　————————————————————— 179

序
章

日本の流通サービス現場は
パートさんでできている

1. 働く人の４人に１人がパートアルバイトである
※本書での「働く人」＝雇われて働く人の意

　総務省統計局が2021年２月に発表した、2020年分の労働力調査（詳細集計）の速報結果によると、2020年における非正規社員は2090万人。これは前年比で75万人の減少。雇用者全体（5620万人、役員除く）に占める比率は37.2％でした。

　コロナを経たこの１年で、75万人も非正規労働者が減ったとはいえ、日本で働く人の10人中４人が非正規であることは変わらず、また、働く人の４人に１人がパートアルバイトであることもほぼ変わりませんでした。

年	役員を除く雇用者	正規従業員	非正規従業員	パート・アルバイト	派遣社員	契約社員	嘱託	その他
2019年（万人）	5660	3494	2165	1519	141	294	125	86
2020年（万人）	5620	3529	2090	1473	138	276	116	85
2019年（％）		61.7	38.3	26.8	2.5	5.2	2.2	1.5
2020年（％）		62.8	37.2	26.2	2.5	5	2.1	1.5

＜総務省労働力調査2019年・2020年＞

2. 働く女性の２人に１人がパートアルバイトである

　働く女性は、正規（45％）に対して非正規（54％）が相変わらず多く、この１年もそのバランスは変わりませんでした。そして働く女性の２人に１人弱がパートアルバイトであるということもほぼ変わりませんでした。

年	女性						
	正規従業員	非正規従業員	パート・アルバイト	派遣社員	契約社員	嘱託	その他
2019年（%）	44.0	56.0	44.2	3.2	5.2	1.7	1.6
2020年（%）	45.6	54.4	43.0	3.2	5.1	1.6	1.6

＜総務省労働力調査2019年・2020年＞

3．結論①＜日本は女性のパートさんでできている＞

◆働く女性の2人に1人がパートアルバイトである
◆働く人の5人に1人が「女性のパートアルバイト」である
　（5620万人のうち1125万人＝20％）

年	男女計	女性
	役員を除く雇用者	パート・アルバイト
2019年（万人）	5660	1164
2020年（万人）	5620	1125

＜総務省労働力調査2019年・2020年＞

　特にスーパーは、平均すると

　正社員10人：パート35人＝20％：80％

という、圧倒多数がパートさんです。スーパーで働く10人中8人がパートさんであるというこの事実。スーパーはパートさんでできていると言っても過言ではないですね。

正社員9.9人

パート
アルバイト35人

2021年版 スーパーマーケット白書より

4. 結論②＜パートさんがからむ課題は「人事部」の課題ではなく「経営」課題である＞

　私が主にお手伝いをしているスーパーさんや小売業界では、圧倒的多数を占めるパートアルバイトさんにからむ諸課題は、人事の課題ではなく、会社の行方を左右する重要な経営課題だと私は思っています。

多くの企業では、
・人が足りないから採用して！→人事部の仕事
・コンプライアンス抵触する事件発生！→店長と人事部の仕事
・社員が辞めてシフトが回らない！→店長→人事部の仕事
・パートさんが辞めたから採用して！→店長→人事部の仕事

「人」がテーマだから現場と人事部で処理すればいいと思われるかもしれませんが。

私が思う関連部署は、
・パートさんが日常業務を最も効率的に回せるシステム開発
　→営業部＆システム部（DXチーム）
・出入りの多いパートさんの現場教育を時短化できる動画マニュアル→営業部＆人事部＆システム部
・パートさんが見てわかる商品仕様書（とくに総菜、ほか青果・鮮魚・精肉）→商品部バイヤー
・パートさんがだれでも扱えるようなオペレーション→特にサービスコーナーの商材を扱うバイヤー
・パートさんが最も効率的に検品・品出しができる物流→営業部＆商品・物流部
・パートさんの勤務希望、変更、シフト組み、作業割り当てをもっと簡単に→店舗総務＆人事部＆システム部
　などなど、他にもあるかもしれません。

　社内すべての部門の仕事の行きつくところは「パートさんでそれはできるのか？」「パートさんがより効率的にできるようにするには？」と、**「パートさん」を常にキーワード**に加えて取り組んでいただきたいのです。

なぜなら日本の流通サービスはパートさんでできており、
✿圧倒多数（スーパーは80％がパートさん）

✿ 現場でお客様に一番近い人たち

✿ 損益計算書のトップライン「売上高」を日々直接生み出している人たち

ですから、影響力大きいですね。

　この方々の「働くしくみ」を作ることは、直接マネジメントしている現場若手社員を大いに助けることになります。パートアルバイトさんのマネジメント問題に、いつまでも現場の若手社員に気合と根性で体張って長時間がんばれと強いても限界があります。

　では、この後の章では、これら圧倒多数のパートさん達がどんな状況で働いているのかをご一緒に見てまいりましょう。

第1章

現場はボスパートさんに
占拠されている

ここからご紹介する話はけっこうしんどい内容ですが、まあ他社の話ですから気軽に読んでみてください。極端な例かもしれませんが、あなたのお店でも起きているかもしれません。

1．飲食店副店長からのお便り

　以前にも相談させていただいた件なのですが、例の、あのパート3年目のＡさんのことです。仕事はまじめで、私がお願いしたことを確実にしっかりやってくださる方なのですが、それがちょっと行

妖怪名「**女王様**」

き過ぎでして。自分自身もちゃんとする方なので、もちろん他のパートさんにも伝えて徹底しようと努めてくれるのは良いのですが、なんというかそれが強過ぎて、みんなの「指導」というレベルではなく、もうあれは「支配」ですね。細かい点まで自分の思うように徹底しないと気が済まないのです。

　たとえば、道具を置いておく向きが自分の伝えた内容と違うと「なんでここ、こんな向きになってるの（怒）！だれ？これしたの？だれ？」という風に、犯人を見つけ出して徹底的に言葉で責めるのです。こんなことが1から100まで日々繰り返されるのです。おまけにＡさん自身がお休みのシフトの日にはＡさんの娘さんも当店に勤務しているので、その日

店であった細かいことを家で報告。翌日出勤してきたら該当するパートさんにコンコンと説教するという徹底ぶり。

　こんな状態だからパートさん達が精神的に追い詰められて何人も辞めていきました。最近Ｂさんは朝、出勤前に今日もＡさんと同じシフトだと思うと、吐き気がするようになってしまって。さすがにこれはまずいのではないかと思うのです。

　その問題のＡさん。店長と私（副店長）が見ているところでは絶対にそういうきついことをやらないのです。ですからパートさん達は私や店長に「お願いだから裏の事務所で仕事せずに、私たちがいるこっちで仕事してください。そしたらＡさんが大人しくなって私たちがやられなくて済みますから」と泣きつく始末。気持ちはわかるのですが、建物のレイアウト上、そうばかりもしてあげられず。

　Ａさん、最初はこんな人じゃなかったのです。それこそ３年前、Ａさんが入社した当時はもっときついＣさんというベテランパートさんがここを仕切っていまして、みんな怖い思いをしていたのです。その時、Ａさんはみんなに「これは通過儀礼やからみんなで我慢しよう。」と言って励ます側だったのですよ。私もいい人だな～って思っていたんですよね。それがそれが、その怖いＣさんが辞めてボスがいなくなった途端、突然頭角を現し始めて現在に至るのです。

パートさん達からＡさんのそういうひどい話は聞くんです
けど、私たち管理職の前では絶対にやらないので証拠がない
のです。聞いた話だけでは動けなくて。厨房に盗聴器つける
わけにもいかず。

　それで私も店長と相談して、リーダーをいつまでもＡさん
にやらせていたらダメではないかと。試しに一番年配の60
代の方にお願いしてみたのですが、1か月もちませんでした。
　なぜかというと、Ａさんがその60代の方に「あんたはリー
ダーのくせにこれもできてない！あれもできてない！」と
叱責し、60代の方から「私では務まりませんからリーダー
から降ろしてほしい」と泣きつかれたんです。まあたしかに、
この60代の方はＡさんと比べたら徹底度は低いです。年齢
なのもあるのですが覚えが悪かったり、忘れてミスしたり。
Ａさんのご指摘はあたっているので何も言えませんでした。

　そうやって、またＡさんが厨房内のリーダーとして今日も
君臨しているわけです。定年までまだだいぶありますしイキ
イキしているから辞めそうもないし、周りのみんながみんな
病んで辞めていくのをどうしたらいいのかと。

　Ａさんがやっていることは悪気のないパワハラなのでちゃ
んと指導記録をつけて、改善されなかったら契約見直しの時
に「契約更新はできません」って言っていいんですか？なん
かそうやって辞めてもらっても労基署とか行ったら何を言う

かわかりませんし。怖いんです。店長は人手が足りないので辞めさせるのはちょっと……と後ろ向きですし、どうしたらいいかわかりません。

赤沼コメント

　日本中でお見かけするこういう「仕事できるきついパートのリーダーさん」。困りますね。こういう方が居ると現場の作業はきちっと回って、その上司としては大変助かります。しかし、その人のせいで他の人がどんどん辞めていく。これで良いはずがありません。仕事ができる人が必ずしもリーダーに向いているとは限らないのです。また、向き不向きもありますが、ほとんどのパートさんはリーダーとしての教育を受けていないので、家庭で発揮するリーダーシップと似たような方法で力を発揮します（上に立ってすべてを自分の言いなりに動かそうとする）。正社員の世界でも管理職になる前や、なった後に管理職研修があります。正社員の数倍扱いにくいパートさん集団のリーダーにリーダー教育は欠かせません。誰をリーダーにするべきか、パートリーダーの教育などを見直す必要があります。

2．大手インテリア雑貨店勤務の40代主婦パートさんからのお便り

地方都市に新規出店したインテリア＆雑貨店の2号店オープニングスタッフとして入社しました。パートは全部で20人くらいいると思いますが、いつもみんなに会うわけではないので

妖怪名「言いたい放題」

正確には何人いるのかわかりません。最初はみんな同時スタートだったので、わからないことだらけでも教えたり教わったりしながら仲良くやっていたように思います。

ところが、気が付いたらいつの間にか、2つの派閥ができていました。一つは「ボスグループ」で、店長にも社員さんにも、同僚にでもなんでも言いたいことを言う派。もう一つは、「静かで文句言わないグループ」。私はどっちかというと後者です。この静かなグループは月1回、ランチ会、飲み会で同僚、店長の不満など言い合うので、これでストレス発散になっています。

このお店では、半年に一回の雇用の見直しがあり、全員が店長と面談をします。面談時間が5分のパートさんもいれば、30分間のパートさんもいて、その時間の差はなんだろうかといつも思います。何をそんなに長く話しているのかも気になるし、自分の時間が短いと店長は私にはあまり関心が

なく、どうでもいいのかと思ってしまう（あ、いや別に特別に関心を持たれなくてもいいのだけれど、みんなと同じ程度に普通にしてもらえればそれでいいのですが）。そんなことをくよくよ考える自分も自己嫌悪です。

　いろんな状況で私たちパートのシフトは急に増えたり、減らされたりするのですが、先日はちょっとびっくりというか非常識過ぎて笑えました。例のボスパートさんが、出勤日数を減らされて店長に向かって「子供たちを飢え死にさせるのか」と言って大声で食って掛かっていました。そんなこと店長に言っても仕方ないのに。店長が気の毒です。

　このボスパートさん、すごいのです。インテリアの仕事は女性でもけっこう力仕事が多いのですが、力仕事はほとんど自分はやらず他の人にやらせて、自分はノルマやポイントカード獲得など目立つお仕事を率先してやってお金を稼ぐのがとても上手なのです。子供さん二人ほどいらっしゃるようですが、子供さんに胸張れる仕事っぷりとは言い難いです。こういう嫌な面を店長も社員さんもみんなわかっているのに、どういうわけか言いなりなのです。社員さんや店長がピシッと言ってくれないと、他には誰も注意できないのに、このまますます増長してしまいます。

　私たち静かなグループは、このボスグループとシフトが一緒になると気分が滅入ります。仕事上の話もできるだけしたくないので、ひょっとしたらお客様にその悪い雰囲気は伝わ

っているかもしれません。

　店長には、シフトを組む時一緒にしないで欲しいとお願いしてはありますが、シフトもボスグループの言いなりで組まれるので、私たちの意見はほとんど反映してもらえません。私は仕事そのものはやりがいもあり、インテリアの勉強にもなるし好きなのに、何もしてくれない社員さんや店長さんたちにもがっかりですし、こんな嫌な思いしながら家からちょっと距離のある今のお店で安い時給で働くのはもうどうかなと思って、新しいモールで求人をチェックしています。こっちの方が家から近いし、できるだけ早く他の仕事に移ろうと思います。

赤沼コメント

　　社員さんが強いパートさんの言いなり。これもよくあることですね。強いだけならまだしも、徐々に要求が度を越してくるのを制御できない。まったくみなさんお気の毒です。ここのお店の場合は新店でしたから、パートさん達を社員さんがまとめていく方法があったのではないかと思いますが、逆に、少ない社員で大きな新店を立ち上げていく時、社員の目がみんなに行き届かないため、一見頼り甲斐のあるパートさんに力が集中して、そのまま増長させてしまうのもありがちかもしれません。せっかく半年に1回の面接があるのですから、そこで店長からそのボスパートさんに指導が行われていたかもしれませんし、逆に店長が言われ放題だったかもしれません。少なくとも店長や社員さんが上司としての主導権を握っていないと、やりにくいですね。私たち社員は「あの人に何か言って辞められたら

困る」。これを乗り越える勇気を出さなくては。最悪のケース辞められてもいいのです。替わりを育てればよいのですから。

3. 服飾雑貨売り場勤務50代主婦パートさんからのお便り

私ももう若くありませんので、世の中いろんな人がいて、職場で合う人合わない人がお互いにあるのは十分理解しているつもりなのですがさすがにちょっと我慢できないのです。

妖怪名「**ジコチュー**」

私が働いているお店は広いフロアに婦人服、雑貨、靴、子供服、玩具など、いろいろな売場が複合的に集まっています。この大きな売場にレジは数カ所あります。そのレジに誰が何時に入るかレジ当番表を上司が作成してくれて、それに従って公平にみんなでレジに入ることに決めています。

みんなレジ当番に当たった時間帯は他の仕事よりもレジを最優先にし、基本的にはレジカウンターにいることと決められています。もちろん自分がレジ当番ではない時間帯でも、レジが混んで来ればみんなで声をかけあってお互いに助け合

ってレジに入るし、お客様をお待たせしないようにやり繰りしています。

　私たちパート店員は、レジ以外にも案外沢山の仕事を抱えています。商品の発注や発注数の修正、納品された商品の開梱、陳列、売場変更、値札付け替えなどなど、それは社員であろうとパートであろうと量や内容に違いはあれど、みんな割り当てられた仕事を抱えています。とはいえ、どんな仕事よりも最優先するのがお客様のレジお会計やご案内です。買ってくださるお客様がいるから私たちも働けるのだと教わりましたし、接客業ですからその通りだと私も思います。

　そう思ってみんなやってくれると良いのですが……。

　Ａさんは、私が入社したあと、数年後に入社しました。お子さんの年齢からしてもＡさんの年齢は私より少し上だと思います。仕事の覚えも早いし、接客の感じもよく、表立って悪い人というわけではないのですが、一緒に働いている私たちは毎日とてもストレスフルなのです。

　それはＡさんが自分のレジ当番の約束を守ってくれないからです。Ａさんは自分がレジ当番の時でも平気でレジカウンターを離れて売場の方へ行ったままで自分の抱えている仕事に没頭します。そのせいでお客様がレジに並んで待っていても誰も店員がいないということになり、お客様からしょっちゅうお叱りを受けます。これは私たちが一番避けたいことなのに。そういうことが続いて、私や他のパートさん達はＡさ

んがレジ当番の時はできるだけレジの近くで作業をし、何か
あったらすぐレジに入れるようにと配慮しながら仕事をする
ようになりました。それが良くなかったのか、Ａさんはます
ます自分のレジ当番の時間帯にレジから姿を消すことが増え
てしまいました。

　たまりかねて私が「Ａさん、レジ当番の時間は、お互いに
レジ中心で仕事しませんか？　フォローはお互いにしますけ
ど。そういう決まりですし」と勇気を出して言ってみたので
すがＡさんは「レジに入っていたら自分の仕事終わらないか
らムリ」とピシッと断ってきました。う〜ん、たしかにＡさ
んの言う通りかもしれませんが、それはみんなも同じです。
それに断るという神経がよくわかりません。Ａさんのふるま
いはその日以降も何も変わっていません。
　上司が決めたルールを守らなくて平気なパートさんも変だ
し、そういう状態になっていることを知っているのに何も言
わない上司も変だし。（上司は「まあ仲良くやってください」
と言うのですが、そういう問題でもない気がするのですけど
ね）大人なので決められたことは、ちゃんとやりたいですし、
やってほしいです。一緒に働いているのですから、お互いに
協力するのは構いませんが「ごめんなさいね」とか「ありが
とう」と一言でも言ってくれると、また違うのですけどね。
Ａさんはそれもまったくないですしね。

　いまさらこんなこと言ってもあれなのですが、入社した時

に最初にこういうことはちゃんと教えないとダメですね。接客が自分の仕事ではないと思っている人に、いまさらどう言えばいいのか。しかもパート同士で注意しあうのって基本的に無理です。私たちには権限がないのですから。上司がちゃんと話をしてくれるといいのですが、何を言っても「まあまあ仲良くお願いします」とか「話は両方から聞かないとわからないから」とちゃんと取り合ってくれないのも疲れます。もうあきらめていますけどね。ああ、今日もＡさんと一緒のシフト。疲れました。

赤沼コメント

　マイペースといえば聞こえは良いですが、驚くほど自己中心的な人がいるものです。その人もその人ですが、その自己中心的なふるまいをスルーする上司も困ったものですね。それにパートさんの入社時の教育は本当に大事です。社会人経験がそこそこある人たちですから、「当社ではこういうことを大事にしてください」という考え方を伝えないと、各自過去の職場の常識の延長線上で働くことになり、これまた問題の火だねだらけになります。

4．衣料品販売店40代パートチーフ（パートの管理職）さんからのお便り

妖怪名「被害者ブル」

　私がこの2階フロアのパートチーフになってから、同じフロアのパートAさんの態度がどうもおかしいのです。たしかに「これは次からはこうしてもらっても良いですか？」と仕事上の指摘はしましたが、それが気に入らなかったのか、何なのかよくわからないのです。するとついに先週こんなことがありました。1階フロアのパートさん2人が突然私のところに来て「Aさんに意地悪するのはやめてください」といろいろ言い始めたのです。この2人はお昼休み休憩でAさんとよく一緒にお弁当を食べている人たちです。黙って聞いているとあることないこと、いろいろ盛りに盛った話で、聞いている私もびっくりを通り越してあきれてきました。そんなに被害者ぶりますかね。私がするひどい仕打ちに毎日耐えてがんばっているそうです。見かねてこの2人が私に苦情を言いに来たという経緯が理解できました。

　パートにとって土日休みはとても大切。バランスよく平等に休みがとれるようシフトを組みます。これはある意味で仕事以上に大事なことなので、私たちチーフが最も気をつかうところです。このAさんはあれこれ言って土曜日は基本的に完全休みを貫き、日曜日のシフトに入れると「私が意地悪を

している」と他のまったく関係ない職場の人に盛って言うのです。他の方とのバランスもありＡさんだけを土日連続休みにすることはできないですし、もし家庭の事情があり、何か配慮したほうがよいなら直接言ってくれるか、私に言いにくいなら上司の社員さんに言ってくださればいいのに。

　昼休みは誰かの悪口で盛り上がるのはパートの常とは言え、さすがに盛りすぎです。さらに「だいたいなぜあなたがチーフで、Ａさんがチーフじゃないのか」とか言われても私は答えようがありません。そういう話を毎日昼休みにしているのかと思うと気が重いですが、仕事は仕事なので、必要な指示はしなくてはなりません。割り切っていても疲れます。上司である社員さんに話してみましたが「いろんな人がいるからね」でおしまいでした。愚痴っても仕方ないのですが、気持ちの持っていき場所がなかったのでお話しさせていただきました。

赤沼コメント

　Ａさんは何が気に入らないのかわかりませんが、直接こちらに言ってこないで、他の職場の人に盛って言いふらしているという。なんともしんどい状況ですね。まあ気に入らないことがあったとき、多くの人は当事者同士で話そうとはせず、誰かまったく関係ない周辺の人に話して共感して理解してくれる人を増やそうとするのが常ですよね（私もママ友とのけんかでこれをやって失敗した経験があります）。職場では、何かあったら上司に言う。上司は双方の話を聞き、調整をする。これを基本の流れにしたいところ

です。が、多くの男性管理職はこういう女性パートさん同士のもめごとは正直避けて通りたいので相手にしてくれないのが実情なのです。

5. 中小企業社長からのお便り

パートさんのもめごとに巻き込まれるのは二度とごめんです。採用面接で大人しかったＡさんが豹変したのは、試用期間３カ月が満了したまさにその翌月でした。他のパートさんの悪口をみんなに言

妖怪名「**本性ダース・ベイダー**」

う、自分の失敗を人のせいにする、段取りが悪い！といって他のパートＢさんにきつくあたる、などなど。「社長！もう耐えられません。」とＢさんが辞めたいと僕に言ってくるまで、まさかそんなことになっていたなんて……。社長の私は夢にも思いませんでした。まさに青天の霹靂とはこういうことです。

私にとってＡさんはよく仕事ができる人という印象でした。採用したのは社長の私ですから、もちろん責任はあります。でも正直、数分程度の採用面接で隠した本性まで見破れないです。試用期間が終わって本採用になったあと、Ａさん

は確かにはっきり言う人だなとか、仕事のやり方も変えて欲しいなとか、私も少しは思うところありましたが、日々特に問題なく回っているようであれば、細かいことはパートさん達にお任せして、それでこっちは安心していました。言い方は悪いかも知れませんが、パートさん達のそんな細かい点までこっちは忙しくて見ていられないですから。

　ところがある日、Ｂさんが辞めたい！と泣きだすので、何があったのか話を聞きました。同様にＡさんにも話を聞きました。こうなるとどっちも一理ある話しかしないので、どっちが正しいかなんてその場にいなかった私にわかるはずがないのです。しかたないので優しい性格のＢさんに頼んで、ここはがまんしてもらうことで一旦決着をつけました。と、そのつもりだったのですが、やはり耐えかねたＢさんはその後すぐ辞めて行きました。それから程なくしてＡさんも体調が悪いとかなんとかで休むようになってしまいました。

　さてこのあと、大変なおまけがありました。あのＡさんから毎日朝から晩まで嫌味のLINEが届くようになったのです。仕事を自分にちゃんと教えなかったとか、こんな会社はいかがなものかとか。最初は私も、来たLINEにコツコツ返事をしていたのですが、深夜も構わず連絡が来て私もどんどん精神的に追い詰められてしまい、他の業務にも支障が出るようになってしまいました。このまま続けていると私もおかしくなってしまうと思い、弁護士さんに間に入ってもらい、Ａさんには正式に退職していただく手続きをとりました。けっこうな金額をお支払いして示談にしたのです。

たかがパートさん同士の小さなもめ事。されど精神的にも、金銭的にも大きな代償を私は負うことになってしまいました。あれから当社では、採用面接時に「性格診断」のテストを必ずやってもらうようにしています。正社員もパートさんもです。少々お金はかかりますが、短時間の面接で見抜けず、大変な人をうっかり採用してしまった時のコストと比べると安いものです。

　あれからは採用にも気をつけていますが、パートさんの入社時教育はちゃんとやったほうがいいですね。新卒の学生とは違い、いろんな職歴や経験や常識を引きずって入社してきます。当社ではこういうことを大事にしています！ということを最初に言っておかないと「教えました」「そんなこと聞いていません」という言った言わないの世界になってしまいます。これはこじれると本当にめんどうです。そして現場がパッと見た感じうまく回っているようだからといって決して安心してはダメで、定期的にパートさんひとり一人の疑問や困りごとにマメに耳を傾け、問題は火が小さいうちに消した方がいいですよ。うちは痛い目に遭いましたから。

赤沼コメント

　採用面接で猫をかぶるのは普通ですが、試用期間中3か月も猫をかぶり続ける人がいたとはなかなかツワモノでしたね。3カ月も猫をかぶられたらどうしようもないですね。パートさんの最初の教育は特に大事です。ちなみに私の会社では「人にきつい言い方や傷つけるような言い方をする

のは避けてください。そういうことがあった場合は、社長面談を経ておやめいただく場合があります」「人の悪口をあっちこっちで広めるのも避けてください」と最初に伝えます。仕事ができるうんぬんではなく、他の人への心配りができる人を優遇する会社だと。はっきりものを言う傾向がある方は特にご注意くださいと採用面接のときに伝えます。それで実際にお一人、契約更新をしなかった方がいました。ちょっとのことでキレるような言い方をする方だったからです。パートさんにお願いする仕事の多くは誰か代わりを立てられる仕事が多いです。であれば、効率よりも、上司の指示に気持ちよく従ってくださる方、一緒に働く仲間へ気を配ってくださる等、人との関係性を大事にしてくださる方を優先したいと思います。それを入社前、入社時にはっきり伝えることにしています。気になることは早めに見つけてお伝えしないと、何年も経ってからだと言いにくいのです。

6. 地方の食品スーパー元管理職40代男性からのお便り

私の前職は、食品スーパーのグロッサリー部門のスーパーバイザー。この会社で、「グロッサリー」とはお菓子、調味料、麺類など、お店の真ん中あたりの冷蔵ではない棚に並べて販売しているものす

妖怪名「レジェンド」

べてをまとめてこう呼んでいました。とにかく扱う商品の種類が多いのがこの部門の特徴です。私はスーパーバイザーとして20店舗ほどを担当し、グロッサリー部門の売場がちゃんと作れているかを指導監督する立場でした。

　スーパーバイザーになる10年くらい前、忘れもしない、私が新入社員で初めて配属になった店舗にはすごいパートさんがいました。このＡさんの何がすごいかと言うと、ちょっとしっくりくる表現が思いつかないのですが「意地悪さ」が半端ではないということです。私は当時新入社員とはいえ、その店舗のグロッサリー部門では唯一の正社員であり管理職。部下はみんなパートさんで10名ほど。まあ今思えば、入社してすぐの右も左もわからない若者を、いきなり管理職という立場で現場に配属する本部もいかがなものかと思うのですが、それがこの会社では普通だったのですから仕方ないですね。

　さてその意地悪なＡさんですが、長年その店にいることもあり、さすがに仕事は把握し尽くしていました。私は困った時には一番よくわかっているＡさんに聞くしかないのですが「社員のくせにそんなことも知らないのか」と言って教えてくれない。そうやって「あんたは社員なんだから！」をことあるごとに連発。ある日私が、徹夜で課題を仕上げて寝不足のひどい顔で出勤すると「徹夜か何か知らないけれど、あんたは社員なんだからその日の気分で仕事しないでよね」と

朝からパンチをお見舞いしてくれる。そんな不愉快な日々が延々続くのでした。そういうＡさんこそ、ご自分が不機嫌な日は作業中の物音がガーンと大きくて、他のパートさん達に「お！今日はＡさん機嫌悪いから近づかないでおこう」なんて言われる始末。同じ店の他部門の社員からは「Ａさんとよく一緒にやっていけるね～」と感心されることもしばしば。もしも私のメンタルが弱かったら数日で逃げ出していた気がしますが、まあ当時どうにか持ったんですよね。

　そうやって数年働いているうちに私が仕事を覚え、徐々に管理職らしくなってきたからなのか、いつの間にかあまりＡさんに意地悪をされなくなっていました。そして他のパートさん達がいろんな事情で辞めて行く中で、今思えば、私は仕事ができるＡさんをとても頼りにしていたのだと思います。言い方がきつくて私は鬱っぽくなりましたし、他のパートさん達もＡさんとはやっていけないといって去って行ったわけですが、だからと言ってＡさんに私はあれこれ言えなかったですよ。

　それはなぜか。私自身もＡさんから鍛えられて育ったと言っても過言ではないですし、それにＡさんが機嫌を悪くして辞めたりなんかすると現場が回らないんじゃないかと、ただただそれが怖くて何もしなかった気がします。
　それにＡさんはちゃんと尊重するとそんなに悪い人ではなかった気もします。私とＡさんが、なんとなくうまくいくよ

うになった頃、仕事の相談を一番よくしたのはＡさんでした。実際他のパートさんから「Ａさんのことが好きなんでしょ」と嫌味を言われたこともありましたが（親子ぐらい年齢が離れているので、そういう意味の好意はもちろんありませんでしたが）。一番コミュニケーション取っていたのは間違いありません。

　こういう仕事ができる頼りになるパートさんが言い方のきつい人だったりするととても困りますね。Ａさんが原因で何人のパートさんが辞めて行ったのか、数えたことはありませんが、正直数えきれないかもしれません。だからと言ってＡさんを辞めさせようなんて思ったことはありません。それは私が頼りにしていたからに他なりません。Ａさんのきつさを訴えてきたパートさんも数えきれないほどいた気がしますが、「仕事なんだから言い方がちょっと悪いくらいがまんしてくださいよ」とか、「Ａさんはそういう人だからしょうがないです」「まあまあ仲良くやってください」と、他のパートさんには悪いけどあきらめてもらう方向で話し、あまり真剣に取り合ってはこなかったと思います。Ａさんに辞められると困ると思っていたし、女性同士のいざこざに正直巻き込まれたくないとも思っていました。どっちが正しいのかなんて私にもわからないですし。

　今思えば、他のパートさん達には悪いことをしたなと。Ａさんに「言い方に少し気をつけてもらえないですか」と話す

ことくらいできたはずだし、そのことがどれだけ他のパート
さん達を追い詰めていたのか、あの当時の私はまったくわか
っていなかったですからね。万が一、Ａさんが機嫌を損ねて
辞めたとしても、他のみんなでカバーできたかもしれない。

　そんないろんな可能性を考える余力も知恵も経験もなかっ
たなと。

　私個人としてはＡさんが厳しくしてくれたおかげで育った
と思いますし、感謝の気持ちはいまだにあります。ただ、管
理職の自分が助かるためにする選択と、一緒に働くパートさ
ん達が働きやすくするためにする選択は違う気がします。も
っと早くそういうことを考えるきっかけが欲しかった気もし
ますが、これも経験しないとわからないかもしれませんしね。
え？Ａさんですか？それが……まだいますよ。あの店に（苦
笑）。

赤沼コメント

　これはまさにレジェンド級のパートさんですね。多くの
スーパー勤務の若手正社員はこういうＡさんのようなレジ
ェンドの洗礼を喰らい、大なり小なりトラウマとして心に
残っているハズです。これは統計的な根拠はないのですが、
長年見聞きする中で私が確信を持っているのは「辞められ
ると困る！と社員が思っているレジェンド級のボスパート
さんはほぼ辞めない」ということです。ちょっとやそっと
言ったくらいでは辞めないのです。言い方がきつければ腹
を割って「言い方を変える努力をしてください」とはっき

り伝えてみたいです。まあそれで変わる可能性も低いですが。言わないと本人は悪気ないし、自覚もない場合が多いですからね。

【番外編】パートさんにまつわるエトセトラ

□店長もなかなかな態度です
スーパーマーケット　事務員さんからのお便り

　私はスーパー裏方の総務経理部門に勤務しているパート事務員です。日々の金銭管理や伝票などの事務仕事をしています。事務所には常に店長がいて、大きな声で電話したり指示したりと忙しそうです。この店長、本店を任されるくらいですから仕事はできるようです。実際に業績も悪くないですし、社長もしょっちゅう来てあれこれ言うのですが、そういうのもうまくこなしています。ですがどうしても気になるのがパートさんへのひどい態度です。もともと声が大きいので普通に話しているだけでも叱られている気分になります。まあこれは、慣れれば怒っていないことがわかってくるのでまだよいのですが。

　先日3階フードコートに勤務するパートさんが店長のところに来て話をしていました。用件は「厨房の流し下の水漏れ」について。前日、水漏れに気が付いたこのパートさんは店長

に水漏れについて報告に来ていました。店長は「わかった！わかった！」といってすぐ部下の社員に指示して水漏れ修理を手配させていました。ところが、何がどう手違いがあったのかはわかりませんが、翌日になっても水漏れが直っていないのであのパートさんはまた報告に来たのです。「あの、店長ちょっとお話が……。」と言いにくそうだ。3階で水漏れしていると下の階に何かあったらいけないので……と一所懸命に説明している。すると店長は途中で話をさえぎって大きな声で怒り出しました。「その件は社員に手配させて、もう大丈夫だと報告受けてる。そんな水漏れでまだ騒いでるのはあんただけだ。もうその話はいい!!」と。

　しかも店長、どういう姿勢でそのパートさんの話を聞いているのかというと、横向いてパソコンに何かをパチパチ入力しながら、そのパートさんの方を一回も見ないで話をしていました。まわりに5〜6人も他の人がいるというのに、そんな態度で大声出して。そのパートさん泣き出しそうな顔で事務所を出て行きました。店長も書類作成で忙しかったのかもしれません。でも5分もかからない話ですよ。ちゃんと向き合って話を聞いてあげたらいいのに。社員さんに再度確認させるとか、水漏れしているからまた言いに来てるのに、現場を確かめもしないで乱暴に話す姿は本当に失礼だなと。まあいつものことなんですけどね。自分の奥さんや娘さんが、勤め先で上司に同じ目に遭っていたらどう思うんでしょうね。

　　パートさんの顔すら見ないで話を聞く上司。いらっしゃいますね、あちこちに。はっきり言ってこういう店長の下で働くのは嫌ですね。店長から見ると細かいことでいつまでもうるさいパートさんかもしれませんが、逆に店長の目が行き届かない細かいことに気が付いてくれるのがこういうパートさん達。教えてくれてありがとう。こっちの書類片付けたらすぐ見に行きますね。とひとこと言えば済むことです。店長がその時間がないなら他の人に見に行ってもらえばよいかと。細かいことばかり気になるパートさんだと思うと雑な接し方をしてしまいがちですが、それが自分の奥さんや娘さんだと思うと同じようにはしないはずですね。

□ハローワークさんは何かをつかんでいる
地方スーパーマーケット人事課長からの相談のお便り

　ちょっと言いにくい話なのですが……実はハローワークから弊社人事課に電話がありまして。用件は「御社の社内は大丈夫なのか。辞めて仕事探しに来ている人が洗いざらい社内の悪口を言っているのですが」と。当社を辞めたパートさんがどうやらハローワークでいろいろ話しているようなのです。それがまんざら外れていないだけに困ったものです。

　ハローワークさんに知れてしまった内容は何かというと、弊社は地方都市でスーパーマーケットを30店舗ほど展開しているのですが、どこの店にもまあまあ強いパートさんがい

まして。その人のことが原因で次々に新しいパートさんが辞めているのです。今回ハローワークさんにそこを指摘されたということで社長は「何で放置してたんだ！」と怒るのですが、そのことはもちろん本部人事としても把握はしていたのですが、だからといってどうしたらよいか。辞めた後にしかそういう話は聞こえてこないし、そういう危うい現場のいわゆる証拠みたいなものを私たちがつかめるわけでもないのです。

　確かに店には店長や社員がいますから、そういう揉め事は把握しているハズなのですが、何も言ってきません。言ってくるとすれば「人が足りないから募集してください。」とそればっかりです。まるで何も問題が起きていないかのような……。

　強いパートさんが猛威をふるっている。それが原因で多数辞めていて、外部のハローワークにも知られて社長も怒っている。けれど肝心のお店からは何も問題として上がってこない。こういう状況なのですが何をどこからどう解決したらよいのでしょうか。

　ハローワークに内部事情を把握される。直接何かマズイことが起きるわけではありません。とはいえすでに内部でマズイことが起きているわけです。こっちが問題ですね。強いパートさんがいて次々にパートさんが辞めていく。辞めた人がそれを出てしゃべる。すると小さな町でスーパーをやっていると近隣の人たちがそれを耳にするのに時間はかかりません。良質の新しい応募者はそれで徐々に来なくなる。ましてや内部で働いているパートさん達が友人を連れてきてなんかくれない。この負の連鎖、いつ断ち切りますか。関係者の決断次第です。

□医療現場もなかなかな様子
パート看護士40代女性からのお便り

　医療現場にもボスはもちろんいますよ。私は独身時代からかれこれ30年近く看護士を続けていますが、どこの病院にも言い方がきつい先輩はいたものです。命を預かる仕事なのでミスは許されず、常に緊張しているので厳しい言葉は当たり前でした。でもいろんな患者さんが運ばれてきた時の先輩たちの手際のよい対応を見ると尊敬できる部分があり、納得もしていました。

　私がまだ大きな総合病院に勤務していたころのこと。結婚して子供ができたあたりからいろんなことが変わりました。子どもが小さいうちは夜勤のない平日の外来勤務を希望できるのですが、そうすると「常勤」という立場ではなく「パート」という扱いに変わります。あいかわらず交替で夜勤をしてい

る先輩や仲間もいる院内で、場所は違えど平日の外来勤務は
まず申し訳なく、肩身も狭くなります。そして何よりも私が
嫌だったのは「情報に差」があることでした。「あ、これは
パートは聞かなくていいから」とはっきり線を引かれるので
す。時間は確かに短いとはいえ、専門職としての自負もあり
ましたし、朝から夕方までのフルタイムに近い拘束時間で働
いているわけだし、子どもが少し大きくなったら常勤に復帰
するつもりもありました。ですから、「パートは常勤とは別」
という扱いにプライドがとても傷つきました。先に結婚出産
した先輩たちが次々に辞めて行った理由の1つにこういうこ
ともあったのかもわかりません。そうやって経験を積んだ人
たちが結婚して出産して辞めて行くので常に人手不足なので
す。

　かくいう私も、そういう職場に疲れて大規模総合病院を辞
めました。もっと規模の小さい個人クリニックなら夜勤はも
ちろんありませんし、土曜日の午前中だけ時々交替勤務で出
勤すればよいということで、子どもがいても続けられそうだ
なと思い、いまの医院に転職しました。

　このクリニックでは院長の奥様が実質のトップ。もちろん
院長もいて必要な指示は出すのですが、給与やシフトなどを
管理するのはすべて奥様です。看護士でもあり奥を取り仕切
っています。この院長夫人も言い方はきつく、100万円もす
るらしい内視鏡の先端のレンズを私が洗浄すると「もーーー
ーーあなたはやり方が雑！割ったら100万円弁償してもらう

からね！」とみんなのいるところで叱られました。帰宅後、私は悔しくて泣きました。

　ところがこの医院にはナンバー2、たぶん勤務歴が一番長いB先輩という存在があります。院長夫人より数倍きつい先輩です。私とほぼ同時期に入った新人パート看護士（30代）は返事の声が小さかったので「返事は？!」と軍隊のようにみんなの前で大声でしかられていました。

　他にも、私が用意したお湯の温度が高すぎる！と叱られたのですが、どう見てもB先輩の作ったお湯の方が熱いではないか。感覚で言わずに「何℃」とか具体的に指摘してもらえたらいいのだけれど、そういう正確さはない。嫌いな職員のことを「あいつ」呼ばわりしていてとても不愉快。そして気に入らない人に対して退社時間間際に時間のかかる指示を出して残らせる。私もいない日には悪口言われてるんだろうなと思うと憂鬱ですし、気に入られなければ残業の刑に遭うのかとヒヤヒヤです。

　B先輩は、新しく入ってきた人には、「あの人はこういう人、この人はこういう人」と他の職員について個人的感想で解説。まあ内容は基本的に悪口です（周囲に聞こえてます）。それって必要なことなのか？と疑問ですが、Bさんのやっていることは職場の仲間を自分の取り巻きにしたい、もっと言うと、自分が孤立しないためにやっているのではないか、し

かも無意識に。そんな気がしています。やれやれ気の毒で面倒な人です。

　このBさん、院長夫人と衝突しそうなものなのですが、そこはうまくできています。院長夫人はパソコンが苦手。幸いこのBさんはそこそこできるので、夫人は頭が上がらず言いなり。だからBさんの振る舞いが目に余ってもスルーなんです。人徳があるとは言い難いこの2人が仕切っているこのクリニック。どおりで人が定着しないわけで、求人が出ていたんですね。それを見て私も応募して採用されてしまいました。

　いろいろあったけど前の総合病院がなつかしいです。厳しくても尊敬できる先輩たちがいましたからね。いまはノーです。お金のことばかり気にしている院長夫人と、小さな職場で人の悪口ばかり言っている先輩と一緒に働くのはうんざりです。

　高齢者の介護施設で看護士をしている友人が誘ってくれています。看護士が少ないので大事にしてもらえて、やりがいもあるようです。そちらも様子を見てみようと思います。転職するなら早い方がいいですもんね。

　大きな病院でも、小さなクリニックでもいろいろあるのですね。専門職とはいえパートになると負う責任が変わるのでしょうか。こういった「情報の差」も働く人は案外傷つくものです。同じようなことを保育園でも聞いたことがあります。常勤保育士とパート保育士で待遇以外に情報も差があると。人に指示を出す立場になる方には、言い方をきちんと勉強していただきたいですね。

第2章

パートさんは自分の職場を
どう思っているのか

10000人調査から見えてくるもの

パートアルバイトさんが自分の職場や上司にたいしてどう感じているのか。こんな調査を複数の企業で継続的に行っています。

1. 質問票の見本

パート・アルバイトさん 意識調査

この調査は、現場のパート・アルバイトのみなさんが、現在働いていただいている職場をどう感じているかを知るためのものです。ご協力をお願いします。
なお、氏名を記入する必要はありません。

それぞれの質問を読み、そう思う→「はい」、そうは思わない→「いいえ」
あなたの気持ちに近い欄の○を塗りつぶしてください。

「?」の欄は、〈そう思う時もあれば、そうでない時もある〉〈質問の意味がわからない〉〈まだ勤続が浅いのでわからない〉という場合につけてください。

	ID番号	
	職場名	
	部門	

記入例
良い例	わるい例
●	○ ○ ○
このシートは折らないでください

↓右の記入例のように、○を塗りつぶしてご回答ください。

	質問	はい	?	いいえ
1	よい仕事をした時、認められていると思う	○	○	○
2	どうすれば時給が上がるか知っている	○	○	○
3	自分に対する上司（一番身近な上司）の扱いは公平であると思う	○	○	○
4	仲間と働くことは楽しいと思う	○	○	○
5	年齢・性別に関わらず公平に扱われていると思う	○	○	○
6	上司（一番身近な上司）はあなたの仕事の内容を十分理解していると思う	○	○	○
7	上司（一番身近な上司）は一貫した指示を与えてくれていると思う	○	○	○
8	上司（一番身近な上司）はあなたが抱えている問題に関心を示してくれると思う	○	○	○
9	この職場の方針と規則に関する説明を受けている	○	○	○
10	この職場の方針と規則は一貫して適用されていると思う	○	○	○
11	自分の仕事のための教育を十分受けたと思う（入社時・他定期的に）	○	○	○
12	この職場で働くことを誇りに思う	○	○	○
13	仕事を任せてもらえる	○	○	○
14	今のところ辞めようとは思っていない	○	○	○
15	自分の仕事に影響する変更点について、上司（一番身近な上司）から十分な情報を与えられている	○	○	○
16	大体は、職場に働きに来るのが楽しいと思う	○	○	○
17	とるべき休憩はきちんと与えられている	○	○	○
18	休憩所に満足している	○	○	○
19	規則に違反した場合の処分は公平である	○	○	○
20	勤務スケジュールは少なくとも1週間前に掲示されている	○	○	○

うら面も必ずご回答ください ➡

Smile Lab.
株式会社スマイル・ラボ

—1—

折曲厳禁 複製厳禁

記入例

良い例	わるい例
●	⊘ ⊗

このシートは折らないでください

⬇ 右の記入例のように、○を塗りつぶしてご回答ください。

	質　問	はい	？	いいえ
21	上司（一番身近な上司）は公休希望を公平に扱ってくれる	①	②	③
22	自分の勤務スケジュールの扱われ方に満足している	①	②	③
23	解決できない問題がある時、上司（一番身近な上司）に相談しやすい雰囲気がある	①	②	③
24	ミーティングや朝礼は楽しく、ためになると思う	①	②	③
25	ミーティングや朝礼の実施回数に満足している	①	②	③
26	ここ１年間に訓練・勉強会・研修に参加したことがある	①	②	③
27	ここ１年の間に勤務評価にもとづいた指導・助言を受けたことがある	①	②	③
28	パートアルバイトさんの働く上での利点について説明を受けている	①	②	③
29	仕事の配置換えとその時の教育に満足している	①	②	③
30	休憩所の空調は適度で休みやすいと思う	①	②	③
31	自分の仕事で使う設備・機器・道具は整備が行き届いている	①	②	③
32	働いた時間すべてに対する時給が支払われている	①	②	③
33	上司（一番身近な上司）は敬意をもって自分を扱ってくれると思う	①	②	③
34	上司（一番身近な上司）は、あなたの名前を知っている	①	②	③
35	自由に意見を述べる場・機会がある	①	②	③
36	この職場のパートアルバイトさんの人数は十分に揃っていると思う	①	②	③
37	予定外の超過勤務（急な残業）を要請されることはめったにない	①	②	③

その他　何か気付いたこと、意見がありましたらお知らせください。

※回答漏れがないか、もう一度ご確認ください。　ご協力ありがとうございました。

2．上司にはこんなかたちでフィードバック

　37の質問（無記名）に対してご自分の部下一人一人がどう回答したか、複雑に加工せずストレートにお見せしています。その結果は全店と比べてどうなのか。自分ができているところはどこなのか。伸ばせるところはどこなのか研修のワークを通じて明確にしています。毎年調査を実施しているお店は、前年との比較も含めて検証できるので、自分の課題や成長を年々感じてもらえます。

	Q1_自分のことを、上司は認めてくれていると感じる	Q9_上司は頼りになり信頼できると思う	Q10_上司は、あなたの名前をおぼえている	Q12_あなたと上司は、良いコミュニケーションが取れていると感じる	Q17_今のところ辞めようとは思っていない	Q19_自分の仕事のための教育を十分受けたと思う（入社時・他研修など）
全店「はい」人数	701	823	1,309	781	1,062	871
全店「はい」率	51.4%	60.3%	96.0%	57.3%	77.9%	63.9%
あなたの部下「はい」人数	12	12	14	10	11	13
あなたの部下「はい」率	85.7%	85.7%	100.0%	71.4%	78.6%	92.9%
Aさん	どちらでもない	はい	はい	どちらでもない	はい	どちらでもない
Bさん	はい	はい	はい	はい	はい	はい
Cさん	はい	はい	はい	はい	はい	はい
Dさん	はい	どちらでもない	はい	どちらでもない	はい	はい
Eさん	はい	はい	はい	はい	はい	はい
Dさん	はい	はい	はい	はい	はい	はい
Fさん	はい	はい	はい	どちらでもない	どちらでもない	はい
Gさん	どちらでもない	どちらでもない	はい	どちらでもない	どちらでもない	はい
Hさん	はい	はい	はい	はい	はい	はい
Iさん	はい	はい	はい	はい	はい	はい
Jさん	はい	はい	はい	はい	はい	はい
Kさん	はい	はい	はい	はい	はい	はい
Lさん	はい	はい	はい	はい	いいえ	はい

意識調査についての詳細は、こちらのQRコードからスマイル・ラボ公式ホームページをご覧ください。

3．経営のみなさんへのフィードバック

　前頁37の質問が問うている背後にある「8つの分野のバランス」を他社比較とともにフィードバックし、自社のパートさん達の状態を俯瞰していただきます。現場のマネジメントが行き届いているかどうかの指標になるため、毎年同じ時期に定点観測をおこない課題設定に活用しています。

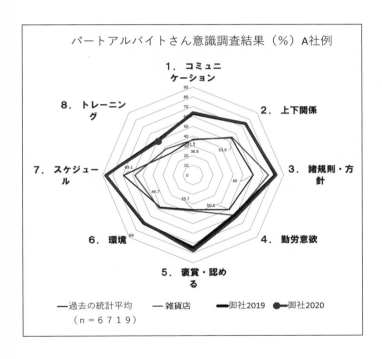

4．パートさん達10000人調査の結果

Q）自由に意見を述べる場・機会がある　　　　　n=9,985

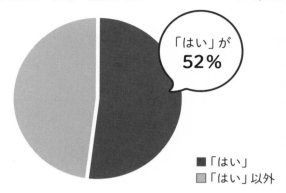

「はい」が
52%

■「はい」
□「はい」以外

**赤沼
コメント**

　半分なのですね。私としては80％くらいに増えてほし
いです。パートさん達はいつも仕事しながら「もっとこう
したらいいのにね」「これってなんでこうなのだっけ？」「会
社が決めることだからわかんないね」「私たちパートがそ
んなこと口挟んでもあれだからね〜」などいろんな意見を
言いながら（笑）作業しています。それを不満や愚痴で終
わらせるのはもったいないと私は思っています。何も考え
ずにやっている人も少なくないですが、「改善」の種はい
っぱい現場にあると私は睨んでいます。

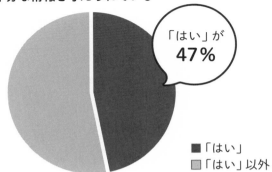

Q）自分の仕事に影響する変更点について
上司から十分な情報を与えられている　　　　n=10,955

「はい」が
47%

■「はい」
■「はい」以外

赤沼コメント

　これは本当に困ります。何が困るかというと、パートア
ルバイトさんは毎日フルタイムで出勤するわけではない
ので、すべての変更事項を直接見聞きすることが物理的
にできません。変更点を知らずにいつもどおりやってい
て「あ！それちがう！」という、あたかも自分がまちがえ
たかのように突っ込まれるのは本当に不愉快なのです。自
信もって仕事はしたいですし、新しい人にも自信もって教
えたいのに「私はそれ聞いてない」ということがポロポロ
出てくると不信感が漂います。ましてや週末しかこないア
ルバイトさんは1週間も経てばいつだって浦島太郎です。
日々発生する仕事の変更点、「連絡ノート」に記入しても、
読む方はさかのぼるのが大変で見逃しますし、書く方もけ
っこう大変。こういうときには変更点を解説している動画
をうまく使いたいと思います。

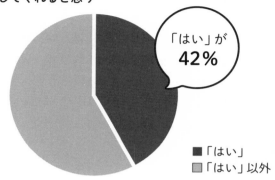

Q）上司はあなたが抱えている問題に
　　関心を示してくれると思う　　　　　　　n=10,955

「はい」が
42%

■ 「はい」
□ 「はい」以外

赤沼コメント

　42％！少ないですよね。これはまさにパートさん達の抱える困りごとに上司である社員さん達は正直関心がないということが完全にバレているということだと思います。社員さんたちが気になっているのは部下であるパートさんたちのことよりも、「自分の上司」が何を気にしているか、であったり売上のことであったり、未処理の山積み仕事だったり、自分を悩ませる何かに気を取られているハズです。パートさん達は一応上司である社員さんの様子は気にかけてくれています。社員さんはパートさん一人一人に関心を寄せて、言葉をかけてほしいところです。自分に関心を持ってもくれない上司の言うことに心から聞く耳は持ちませんからね。

Q）上司は敬意をもって自分を扱ってくれると思う　n=10,955

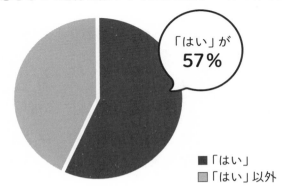

「はい」が
57%

■「はい」
▨「はい」以外

赤沼
コメント

　ああよかった6割程度はそう感じていて。そんな特別な
敬意である必要はありませんが、働く仲間として、そして
おそらく上司と同世代か年上のパートさんが多いと思われ
ます。仕事上は上司部下でも、年上は人生の先輩ですので、
敬意をもってあいさつをちゃんと顔を見てすること、話を
聞くときはちゃんとそちらを向くこと、ちゃんとお名前を
呼ぶことなど、些細な事ですが敬意を持ち、さらにそれが
伝わる態度をとっていただくよう私は常々社員さんにはお
伝えしています。そういう小さなことから信頼関係が築か
れ、いざという時にみんなが協力してくれるか、そっぽを
向くかの別れ道ができていくのではないでしょうか。

Q) 今のところ辞めようとは思っていない　　　　　　　n=10,955

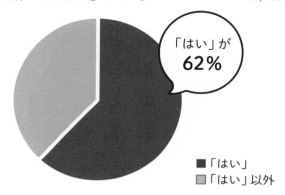

「はい」が
62%

■「はい」
□「はい」以外

赤沼コメント

　日ごろからいろいろ不満はあっても、一旦なじんだらよほどの大問題でもない限りは簡単には辞めないようですね。

　この結果のように「辞めるつもりはない」という意見が多いと店長や社員さんははホッと一安心される方が多く、その口からは「もうちょっと言うこと言おうかな」という勇気や自信を得た言葉が多く聞こえてきます。日ごろ言いたいことを遠慮しているのですよね。

　日ごろからパートさん達には指摘したいことがあるのだけれど、機嫌を損ねたり、うまく伝わらず誤解されたりして急に辞められると困るというのが頭に常にあるのです。

Q）よい仕事をした時、認められていると思う　　　　n=10,955

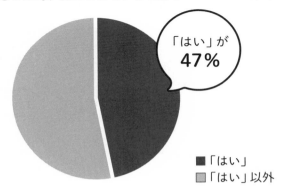

「はい」が
47%

■「はい」
□「はい」以外

　47%というのは低いですね。
　「よい仕事」という何か特別なことが日常そんなにある
わけではないので答えにくい質問かもしれませんが。
　私はこの「認める」というのをとても重視しています。
厳密にいうと「ほめる」ともちょっとちがいますが、日ご
ろの仕事の中で「この人は私を認めていないな」と思いな
がら仕事するのと「この人は私のことを見て認めてくれて
いるな」と思うのとはまったく違う結果になっていきます。
　信頼関係の土台がまさにこれだと思います。これがない
と、何をするにも自信が持てず、指摘も素直に受け取れず
といった、成長や上司への協力関係への影響力が強い内容
だと思います。

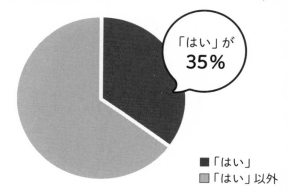

Q）どうすれば時給が上がるか知っている　　　　　n=10,024

「はい」が
35%

■「はい」
□「はい」以外

赤沼コメント

　　時給の上げ下げ基準を公開できる会社はまだまだ少ない
ですね。
　　パートさん達は自分の時給が上がることも大事ですが、
何をどうすれば時給が上がるかの基準が可視化されること
も望んでいると思います。
　　みんなの関心は概ね「なんであの人が」に尽きます。

・10年もやっている私がこの時給なのに入って1年も経
　たない「あの人が」なぜ。
・「手際が悪くて残業しているあの人が沢山もらうのは解
　せない」
・私はこんなにやっているのに……。

　　自分と誰かの比較論かつ年功序列論が主流です。時給に
対する会社の考え方は可視化してはっきり伝えた方がよい
ですね。

Q）仲間と働くことは楽しいと思う　　　　　　n=10,955

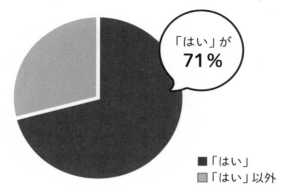

■「はい」
■「はい」以外

　ああよかった70％を超えていました。
仕事は
・どんな仕事をするかよりも
・誰と働くか
こっちが極めて大事です。

　仲間と働くことを概ね楽しいと思ってくださっている人
が多いことを知り安心しました。
　逆にここが低い会社はとても心配です。（定着が気にな
ります）

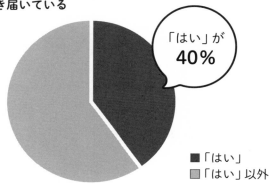

Q）自分の使う設備・機器・道具は
　　整備が行き届いている

n=10,955

「はい」が
40％

■「はい」
□「はい」以外

　おっとー！これは低すぎます。
　自分が仕事で使う設備・機器・道具の整備が行き届いて
いると思う人が40％とは！

・壊れているのをなだめながら使用中
・とても古い
・すぐ止まる
・1つしかないので順番待ち
など、現場の最前線の人が使う設備道具類がどういう状態
なのかは顧みられることがほぼないためこういう結果なの
だと思われます。

　道具は生産性に直結するため、安全で使いやすいものか
どうか検証をしていただきたいですね。

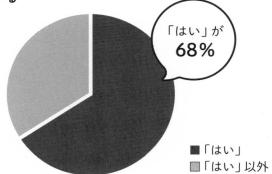

Q）自分の勤務スケジュールの扱われ方に　　　　n=10,955　満足している

「はい」が
68%

■「はい」
■「はい」以外

赤沼
コメント

　パートさん達にとって最優先なのは「時給」よりも「シフト・勤務時間」です。自分の主たる生活の中から、数少ない働ける時間枠を切り取って働く人たちですから、勤務スケジュールが良い感じで扱われず、主たる生活（家のこと、学校のこと）に支障が出ると確実に辞めていきます。
　68％でしたが、これは90％越えを期待したいところですね。

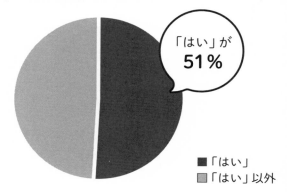

Q) 自分の仕事のための教育を十分受けたと思う　　　n=10,955

「はい」が
51%

■「はい」
■「はい」以外

赤沼コメント

　51％……低いですね。私が自分の会社のパートさん達に調査をしてこの結果だったとしたら気になって仕方がありません。

　どういうことがわからなくて困っているのか具体的に聞きたいですね。

　現場の圧倒的多数を占めるパートさん達の教育は、とくに既存店では一斉に店を閉めて集合研修というわけにはいきません。いかに現場訓練のしくみをつくるかにかかっています。

　この数字85％超えるくらいまで伸ばしたいところです。

Q）紹介できますか？   n=7,265

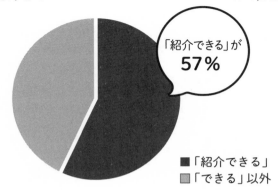

「紹介できる」が
57％

■「紹介できる」
■「できる」以外

赤沼コメント

　今の職場を友人知人に「紹介できるか否か」は私が最も
注目している指標の1つです。自分が快く思っていない職
場を紹介するわけがないからです。

　あるチェーン店ではここが「75％」だったので幹部さ
んと「えー意外だな」という話になりました。そして店内
で「お友達紹介キャンペーン」を展開し、人手不足を補っ
ていきました。

　求人コスト面でも、そして定着面でも、いま働いている
人が知人を連れてきてくれるのが最高です。働くご本人に
とっても最初から一人ぼっちにならないので、働きやすい
はずです。ここが各社100％になるように取り組みたいも
のです。

【番外編】

店長は部下のパートさん達に対してどう思っているのか。

**Q1 よい仕事をしたとき、
　　　認めているか**
〈店長さん190人回答〉

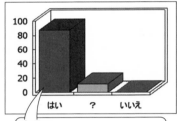

店長は
「パートさん達を認めている」
つもりだけれど

**Q1 よい仕事をしたとき、
　　　認められているか**
〈部下のパートさん930人回答〉

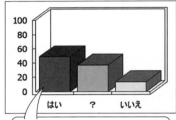

パートさんは
「店長が自分を認めてくれてい
る」とは思っていない。

**Q2 部下は今の賃金に
　　　満足しているか**
〈店長さん190人回答〉

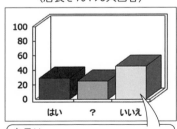

店長は
「**パートさん達は賃金に満足して
いないだろう**」と思っているけれど

**Q2 あなたは今の賃金に
　　　満足しているか**
〈部下のパートさん930人回答〉

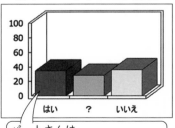

パートさんは
店長が思うほど「**賃金に不満**」だ
とは思っていない。

Q15 仕事に影響する変更点について、十分な情報を与えている

〈店長さん190人回答〉　〈部下のパートさん930人回答〉

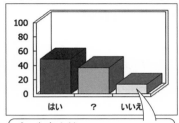

店長は
「仕事の変更点をパートさん達に伝えている」つもりだけれど

パートさんは
「仕事の変更点を伝えられていない」と思っている。

Q29 業務に関する教育に満足している

〈店長さん190人回答〉　〈部下のパートさん930人回答〉

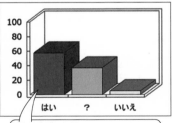

店長は
「パートさん達の教育が足りない」と思っているけれど

パートさんは
「教育が足りない」とは思っていない。

ここから見えるパートさん達の上司である社員さん達の気持ち。

- ・よい仕事をしたとき認めてはいるつもり→しかしパートさんにはそんなに伝わってはいない
- ・少ない時給で申し訳なく思っている→パートさん達はさほど不満ではない
- ・仕事の変更点はしっかり伝えているつもり→しかし、パートさん達は「聞いてない」と思っている
- ・教育が足りていないと思っている→しかしパートさん達はさほど不足しているとは思っていない

　両者の認識が大きく異なっている部分を特別にここで取り上げてみました。

　上司である社員さんも、「マネジメント」という人に動いてもらって結果を出す技術やしくみなどを会社からほとんど与えられたことがない中で、自分の権限ではどうにもならない安い時給で申し訳なく思いつつ、パートさん達にもっとあれこれ本当は言いたいのを我慢しながら、自信を持てずに日々過ごしているように見受けられます。

　元スーパーのチーフだった女性にお聞きしたところ

- ◆スーパーのお総菜部門の仕事は本当に楽しくてやりがいがあった
- ◆やればやっただけ売れるし結果が見えた
- ◆ただし唯一本当に苦手だったのが「部下であるパートさ

ん達のマネジメント」

◆パートさんがいなくて、社員だけでやれたらどんなに楽
　だろうかと常に思っていた

◆仕事ができるけれど言うことを聞いてくれないパートさ
　んよりも、仕事はそんなにできなくていいから言うこと
　を素直に聞いてくれるパートさんがいてくれればそれで
　いい

◆それほど、パートさん達を動かすのは苦痛だった

「パートさんたちをマネジメントする＝苦行」
　これを
「パートさんたちをマネジメントする＝一緒に働く喜びや
楽しみ」がある状態に変えていきたいと私は願っています。

第3章

社員よりパートアルバイトさんを
動かす方が10倍難しいわけ

1．パートアルバイトさんマネジメントがどうして難しいのか3つの統計を参考に考えます。

◆そもそもこの人たちはなぜ正社員ではなくパートアルバイトという働き方を選んでいるのか？（図表1）複数回答あり

男性　第1位　自分の都合の良い時間（日）に働きたいから
　　　第2位　勤務時間・日数が短いから
　　　第3位　正規の職員の仕事がみつからないから

女性　第1位　自分の都合の良い時間（日）に働きたいから
　　　第2位　勤務時間・日数が短いから
　　　第3位　就業調整できるから

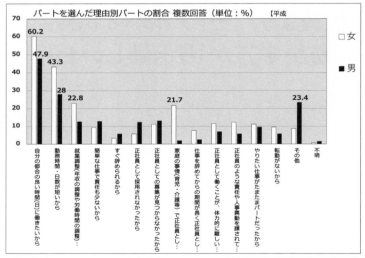

（図表1）　　　　厚生労働省パートタイム労働者総合実態調査 平成28年

従業員は、会社が決めた時間や曜日に従って働くのが、「普通」。そう思われる方はこの結果はもはや意味不明ではありませんか。自分の都合の良い日や時間に、ちょっとだけ働こうだなんてむしが良すぎる。そんなわがままを聞いていたら会社が成り立たない！と思うことでしょう。いえいえ、世の中みんながフルタイム常勤で働きたい、または働けるわけではないのです。この人たちの希望と、私たち会社側の希望を絶妙に組み合わせながら働いてもらうのです。

◆この人たちはこの先いつかは正社員になりたくはないのか？（図表2）
　・正社員になりたい　18.9%
　・パートで仕事を続けたい　72.0%

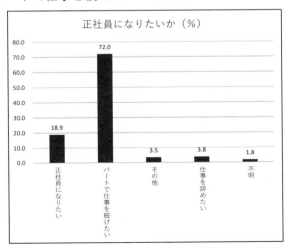

（図表2）　厚生労働省パートタイム労働者総合実態調査 平成28年

これまた不可解な結果。不安定な非正規のままではなく、安定した正社員になりたいだろう。正社員になるチャンスを与えればモチベーションが上がるのではないかと思いきや、そうでもなさそうです。30代以上は圧倒的にパートのままが良いと回答。ちゃんと働く気があるのか？と聞いてみたくもなります。ただし、若い20代の約半数の方が正社員化を望んでいるのでそこは別途考慮が必要です。

◆何を基準に仕事選びをしているのか？（図表3）

　第1位　近いから
　第2位　自分にできそう
　第3位　勤務時間が柔軟

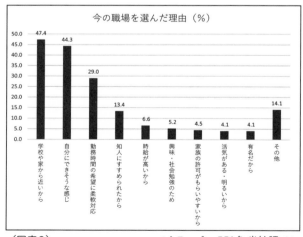

（図表3）　　　　　　　　　＜Aスーパー 551名 当社調べ＞

仕事を選ぶ時に一番重視している点は、会社の知名度や将来性、自分の成長や年収ではなく、「距離」ですからもはやお手上げです。こんないい加減な（!?）動機を持った人たちを雇用して会社が良くなるとは到底思えなくなってきましたね（笑）。

　ここまで3つの統計をもとに、パートアルバイトさんという働き手が正社員とはまったく異なる次元のアプローチから働き始めることを見てきました。

　正社員を動かすよりも10倍難しい理由は、「働くことだけが生活の中心軸ではない」からです。

　だからと言って働く気がないわけではありませんし、いい加減な人たちというわけでもありません。「働く」こと以外にいろいろやりたいこと、やらねばならないことを抱えている人たちなのです。

　長年の経験と勘で、このあたりをうまくハンドリングできる店長は、どこの店舗に行っても好業績をたたき出しているはずです。パートさん達の動かし方を心得ているからです。

　逆に業績悪化に苦しむ店長は、パートさん達を動かせず、自分が日常作業に追われて長時間勤務、提出物も遅れ気味で上司にも叱られ、散々な思いをしているのではないでしょうか。なんとも気の毒な話です。

　どんな店長でも、そこそこパートさんたちを動かせるようになるには「パートさんを動かすしくみ」＋「店長個人のパ

ートさんと向き合う力」が必要です。そしてそのしくみは正社員向けの採用、教育、評価制度の転用ではなく、社員より10倍難しい「パートアルバイトさんならでは」のしくみが求められるのです。

2、そもそもパートアルバイトさんとは何者か

　相手を知らずして打ち手なし（孫氏の兵法から）
　パートアルバイトさん3大特徴について解説します。意外にここが肝です。

◆短期・短時間働きたい人たち
　図表1からもわかるように正社員と異なり、最初から「短期・短時間勤務」狙いでわたしたちのお店に入ってきます。フルタイムで何十年も勤め上げる気はないのです。パートのままでほぼフルタイム勤続20年という方も珍しくありませんから、必ずしも短いとは言えませんが、それは結果的に長くなったわけで最初からそう考えていたわけではありません。最初は、自分の空いている日や時間にちょっとだけ働きたいという短時間目線で仕事探しをしているはずです。

　学生なら放課後や授業のない時間に、主婦なら子どもたちが園や学校に行っている時間に、介護中ならおばあちゃんがデイケアに行っている曜日や時間で、会社員のダブルワーク

なら早朝や夜または土日など会社のない時間帯や曜日で仕事を探しているのです。

　私も大学生の時は早朝5時から午前9時前の一時間目授業が始まる直前までコンビニでレジを打っていました。夜は授業が終わり次第、割烹やラーメン店、家庭教師など、まかないが出るところを探して働きました。

　短時間だとしても働く動機（稼ぐ事情がある）がある人はしっかり働きます。しかも次の予定があるから残業ゼロでテキパキ働きます。私は経営者として、この限られた時間のなかで、ビシッと労働やアイディアを提供してくれるパートアルバイトさんが大好きです。時間は短いけれど優秀な人を採用したいです。短いゆえに仕事を覚えてもらうのも簡単ではありませんが、トレーニングのしくみで工夫して早く覚えられるようサポートすれば乗り越えられます。

◆近隣商圏内で生活している人たち
　図表3からわかるように、パートアルバイトさんが仕事探しにおいて最重要視するのは「近さ」です。時給ももちろん重視しますが、ちょっとだけ高い時給のために遠くの街までは働きに行きません。なぜなら自分のメインの生活（子育て・介護・学校・他の仕事など）を回すために、各自許容できる通勤時間というものがあるからです。

それは社員と較べると大変短い距離のはずです。例えば自転車で15分以内であったり、軽自動車で20分以内であったり、電車で通勤通学時に通る沿線だったり。これは、逆に見ればまさにあなたのお店の商圏と一致しているのではないでしょうか。お客様も頻繁に行く類のお店なら、特別なこだわりがない限りできるだけ近いところを選びます。車社会である地方ならなおさらです。

　パートさんやパートさん候補となる応募者はあなたのお店の近くで生活しているのです。そしてすでに顧客だったり、家族や友人が顧客だったりと身近なところにいるのです。

　だからこそ私は働く人の口コミが一番怖いです。パートさんは会社の内情をすべて知り尽くしている商圏内のお客様ですから。うちのパートさんがお友達に「うちのお店で買うのはおすすめできないな」と話すのか、または「その商品ならうちのお店にあるわよ！買いに寄ってよ」と言ってもらえるかでは大違い。

　これはパートさんを甘やかすという意味では決してありません。安全で衛生的な職場で、ちゃんとした商品をまっとうなオペレーションでお客様に提供しているか。この人たちと働けてよかったと思ってもらえる上司や仲間がいるか。お給料がちゃんと予定日に振り込まれているかなど。いわばそういった当たり前にパートさんに支持される働いてもらい方を

提供できているかどうかの問題です。

◆店の仕事より本業優先である人たち

　前述したようにパートアルバイトさんは本業を持っています。家庭、学校、他の仕事などです。フルタイムで働かない道を選んでいるのですから、個々に理由があるのです。

　私の友人に舞台女優がいます。彼女は子育てしながら舞台女優の仕事を続けています。仕事はイベントのMCをしたり、ファストフード店で働いたりしています。やはり生活のメインはお芝居の稽古や本番、それに合わせられる仕事を選んで調節しながら生活しています。ある会社員の男性は、昼間配達の仕事をしていますが、夜は20時から24時までコンビニで働いています。起業するためのお金をためているそうです。
　二人とも主たる本業を持ちながら、働ける日や時間を店長と相談してやりくりしながら一所懸命働いています。
　主婦もそうです。朝は家族を送り出して家事を済ませてあなたの職場にやってきます。決まった時間まで働いたら、帰り道は自宅の冷蔵庫の在庫管理に頭を切り替え、夕食を何にしようか考えながら帰宅し、子どもたちの宿題を見ながら洗濯機を回しつつ夕飯づくりを同時に進めます。ある夜は塾の送迎、ある夜は子どもが学校でケンカして怪我をさせてしまった相手のお子さんのお宅に謝罪に行き、ある夜は急病の親のところに駆けつける。寝る間際までホッとする自分の時間はありません。それが大方のパートさんの日常なのです。仕

事だけやっていればよいわけではないのです。

　したがって、主婦パートさんはお子さんや家族の体調や家の事情ですぐ休む、すぐ辞めるという傾向にあり、これは男性管理職にとって大変不人気です。ただこれは働く意識が低い無責任な人だからというわけではないのです。（中には無責任な人もいますが）あくまでも生活の中心軸は「家庭」なのです。

　あなたのお店での勤務以外にも、背負っているものが沢山あるのがパートさんなのです。だから家庭の都合で勤務が乱れることは想定の範囲なのです。急な休みが発生しそうな時の協力体制を常に敷いておくことで、いざという時に休みやすい職場環境にしておくことができます。休んだら他のみなさんに負担がかかることもわかっていますから、休める体制や雰囲気がなければ申し訳なくて辞めてしまいます。

　逆にこの「いざという時に休みやすい」職場は、パートさんにとっては働き続けやすい職場なのです。また、仕事が楽しくなるとバランスが変わってきます。家に帰ってPOPを書いて来てくれたり、仕事の下調べをしてくれたりと、頼んでないのに自主的にやってきてくれることがあります。

　主婦にとって仕事は「自分」になれる数少ない場所でもあります。〇〇さんの奥さん、〇〇ちゃんのお母さんなど、主

婦は呼び名が複数あります。仕事場は自分の本名で呼ばれる場所でもあり、他人から「ありがとう」と言ってもらえる数少ない貴重な場所でもあるのです。毎日世話をしている家族にさえ「ありがとう」と言ってもらえることは稀です。でも職場では、お客様や同僚や上司から「ありがとう」と言ってもらえる機会があります。これはとても嬉しいことなのです。お店の仕事よりも家が優先かもしれませんが、お子さんの成長に従ってバランスは変わるし、仕事が楽しくなるとバランスは変わるのです。

【ちょっと脱線】

　私は「ありがとう」が行き交う職場を増やしたいと切に願っています。パートであっても拘束時間は4時間〜8時間。一日の大半を職場で過ごす人が多いわけです。ここで働けてよかったと思いながら過ごして欲しいのです。その気持ちが家に帰ってからの過ごし方に影響を与えます。お母さんが職場でひどい扱いを受けながら、がまんして働いていれば、家に帰って子どもたちに八つ当たりします。職場の悪口や愚痴を夫やこどもにぶつけます。残念ながら私はそんな家庭で育ちました。子ども心に親の職場の愚痴を聞かされるのは本当に苦痛で、愚痴を延々と話す母に「お父さんだって疲れているんだからいい加減そんな話やめてよ」と母に苦言を呈したこともありました。

　現在、日本で雇われて働く人（約5600万人）のうち4人に1人がパートアルバイトさん（1500万人）です。そ

の人達がちゃんと仕事を教わり、ありがとうと言い合いながら忙しくも充実して働ける。そんな世の中に少しでもしたいと願いながら、私は今の仕事をしています。

3、まとめ　パートさんはお安くない

　あなたの会社がパートアルバイトさんを多く雇用する最大の目的は「人件費の削減」ですね。しかし、ここまで見てきたようにパートアルバイトさんは社員とくらべてはるかに扱いづらい、手強い働き手であることをおわかりいただけたでしょうか。

　下手すると狙い通りの人件費の削減どころか、パートさんをまとめる立場の若手社員が疲弊して離職、さらなる人手不足をまねき、採用コスト膨張で全くお安くない状態に陥る危険と隣り合わせなのです。

　相手を知らずして打ち手なし。まずパートアルバイトさんは「手ごわい」が、味方にすれば「心強い」。という正しい認識を経営幹部が持ってください。その上で彼らが働く意識と理由（前述の三大特徴）を受けとめ、正しく対策を講じていきましょう。そうすれば「この程度の仕事は、店の近所のパートをちょこちょこっと雇ってやらせれば安くて済むぞ」なんて軽はずみな台詞は幹部の口からは決して出てこなくなるハズです。

　何か新しい取り組みを
進めるにあたり、下手す
ると現場のボトルネック
は間違いなくパートさん
です。生産性の向上と銘
打ち、数分、秒単位で作

「新しいことムリですおばさん」

業工程が見直されても、それが他店に横展開されない。
私もそんな経験を25年しています。

　彼女たちの口から出てくるセリフは「この年になって
こんな新しいこと言われてもムリ」「より効率がよいや
り方に変えろと言われても、長年慣れたやり方が一番早
いわよ。やり方変える方が非効率」「これもパートの仕
事ですか？責任がない仕事したくてパートやっているの
にここまでやらせますか？」と取り付く島がない。こう
なってしまってはもはや操縦不可能。

　悪意善意含めて、これまでのやり方を変えたくない、
そして変えられないパートさん集団。お客様に最も近い
最前線の働き手がこのありさまでは、本部が巨額を投資
してシステム化を図る「DX」ほかいろんな施策が結果
を見ることはありません。パートさん攻略は人事や現場
だけの問題ではありません。立派な経営課題であること
をご理解いただけたでしょうか。

第4章

パートさんは
なぜボス化するのか

そもそもが扱いにくいパートアルバイトさんという働き手。その中でも抜きんでて若手社員を悩ませ、会社の新しい施策にブレーキをかけているのが「ボス」的なベテランパートさんの存在です。ここでは私がこの仕事をして30年の中で見聞したその人たちの実態についてはあまり語られることがないのですが、ここで明らかにしてみようと思います。

◆ボスパートの定義

・自分より現場経験の浅い社員管理職を軽く扱い（もしくは管理職の見えないところで豹変し）
・同僚のパートアルバイトさんにきつい言葉づかいや態度で接し（もしくはあからさまな無視、仲間外れ）
・職場のみなさんに精神的苦痛を与えながら実効支配している

悪質なパートさんのことを指します。

◆ご本人の認識

・私は会社のため、お客様のため、本人のために正しいことを言っているのです。
・最近の人はちょっと言うとすぐ辞めます。仕事を甘く考えないでほしいです。
・社員さんが管理職のくせに言わないから私が代わりに言っているのです。何が悪いのでしょうか。
・現場の経験が浅くても「社員さん」という立場は一応上司として尊重するつもりはあります。

◆ボスパートが生み出す経済的損失

・やっとの思いで採用した新入パートさんを辞めさせ、採用
　コスト教育投資を無力化する。

・新しいシステム導入時「今までのやり方の方が効率的」と
　いって乗っからず、DX投資を無力化する。

・やっと育ってきた若手管理職のメンタルを病ませ、休職及
　び退職に追い込み、これまで数年の採用教育投資を無力化
　する。

・前向きにがんばろうとするパートさん達のメンタルを病ま
　せ、後ろ向き化を促進し、生産性を低下させる。

◆そもそもなぜパートさんがボス化するのか

　結論から言いますと、**「現場での仕事の任せ方がテキトー
すぎるから」**なのです。これは現場のやり方に問題があると
いうよりは、そもそも会社のやり方が「しくみ無し」の「人
海戦術頼み」であることが問題なのです。

1．そもそも会社の上層部がマニュアル嫌いであること

　私がこれまで出会った経営
者や会社の幹部には、

・マニュアル、そんなものな
　くても十分やってきた

・マニュアルは理屈抜きに嫌
　い

・マニュアルがあると、従業

「マニュアルいらないおじさん」

員がマニュアルに書いてあることしかやらなくなるから嫌
だ

という方も少なくありません。

昭和を生きてきた私たちにとって、「マニュアル＝良い印
象がない」というのは心情的に理解できます。マニュアルを
専門に仕事をしている私でさえ、部下のひとりに「道具の片
付け方をマニュアルにしたらどうか」と言われて「そんなの
は考えればわかる！いちいち何でもマニュアル！マニュア
ル！って言わないで」とうっかり言ってしまったこともある
くらいです。

ただ、客観的に見るとこの私の姿勢は、

マニュアルは不要
＝
会社基準で働かず、自分基準で働くということ

を社長自ら容認し、なんでもありを作り出してしまった瞬
間でもありました。

「何でも自分で考えて仕事する＝最善」と心の中で思って
いるからです。

しかし、

・企画部門とは異なり、現場の仕事の多くは「作業」です。
・作業とは「目的」を持った「作業手順＋コツ＋注意点」の
　集まりです。

- 作業手順は「可視化」することで、多くの人に分かち合えます。＝マニュアル
- 作業手順を「可視化」することで、もっと良い手順はないか考えることができます＝改善
- 改善された作業手順を「更新して可視化」し、多くの人に分かち合うことができます＝トレーニング

　可視化された手順書（基準書）がないと、これがすべて属人化するのです。
人の動きを制御する基準が「誰かに集中」することこそ、大変好ましくないことの始まりなのです。

2. そもそも使えるマニュアル（基準が可視化されたもの）がない

　マニュアルといえば多くの会社で、使えない道具のトップクラスに殿堂入りではないでしょうか。

- ✖ ざっくりしすぎで、ほぼ現場判断しているから使わない
- ✖ 細かすぎて、読みこなせないから使わない
- ✖ そもそもそんなの見たことない

　名ばかりのマニュアルはあるかもしれませんが、みんなが軽視しているので無いのと同じことです。そうなると、

- そこで働く人ひとりひとりの経験がすべて。
- 経験値を積んだ、知り尽くしている「人」が基準。
- すべての判断や相談はその人に集中する。
- パートさんの職場は五月雨式に人が入ったり辞めたりの繰り返し
- 誰かが後から入った人に仕事を教える必要があり、力関係が作用する（上下関係が築かれる）

　こうやって、経験値を積んだ者が現場を制すようになるのです。経験値は何にも代えがたい宝物だと私も思っていますが、問題なのは、その経験の土台に「会社基準」という裏付けがあるか否かは、大違いであるということです。

＜結論＞
会社基準無し×人任せ
　これがボスパートさんの自然発生を生み、暗躍を助長していると私は見ています。

◆なぜこのようなことが日本中にはびこったままなのか。
　この現象は、私がこの30年間で見聞きした限り日本津々浦々に蔓延しています。現場の管理職は直接影響を受けて問題認識はあっても、具体的に関与せず無法地帯を長年放置している。
　会社の幹部にはパートさんごときの問題よりももっと優先すべき経営課題が山積し、この程度のことは報告もされなけ

れば問題として上がってこないため知るところとならない。

こうなる背景には、
1. ボスパートさんに問題があっても、何か言って辞められると現場が回らず社員が困るので「言えない」
2. ボスパートさんの評価制度などなく、あらたまってフィードバックする機会がなく「言えない」
3. そもそもパートさん達には「こうあるべき」といった期待基準を示していないので今更「言えない」
4. 若い管理職は自分より年上で経験豊富なボスパートさんへどう言えばよいかわからないから「言えない」
5. そもそもパート入社時から教育をしておらず「そんなこと聞いてない」と言われるから「言えない」
6. 会社の価値観が「仕事ができれば何でも許される」体質であればそうなる
7. あの人はああいう人だからあきらめてくれと社員管理職が放置するからそうなる
8. 現場で何が起きているかをあきらかにする機会（定期的アセスメント）がないため表沙汰にはならない

ボスパートさん本人には誰も「言えない」「言わない」
パートさんがどんな状態で働いているか「表沙汰にはならない」
ズバリ、ここですね。

私の認識としては、

✤ パートさんは圧倒多数で影響力がある。

✤ パートさんは現場でお客様に一番近い人たち。

✤ 損益計算書のトップライン「売上高」を日々直接生み出している人たち

と捉えているので、絶対にボスパートさん問題を放置できないのです。

　扱いにくいパートさんたちのマネジメントのしくみとは何なのか。次の章でご紹介します。

第5章

人事部・店長のための
パートさんのトリセツ

（ボス化・無法地帯の再発予防策）

そもそもが扱いにくい寄せ集め集団であるパートアルバイトさんたちが、お店の戦力として機能するには、人づくり5つのしくみが不可欠です。

人づくり5つのしくみその1
【組織化する】

◆まず一つ目。寄せ集め集団であるパートさん達に役割分担をすること。
　・年齢、学歴、職歴
　・働く事情や意欲
　・勤務日数や時間
　・言語
　常識もバラバラの寄せ集め集団である人たちに、「誰が」「何をする」のか、役割をはっきり示します。

　「私はどこまでやればいいんですか？線引きがわからないです。」これはパートさん達から困りごととして多く聞かれる声の一つです。社員さんと自分、パートさん同士など、だれがどこを担うか会社が決めないので、空気読みながらなんとなく線を引きながらこなしてくれています。

　これは日々の「作業指示」のことを指している場合もあり、もっと大きな意味の「権限」のことを指している場合もあり

ますが、「あの人はいったい何をする人なのか」「私は何をする人なのか」立場をはっきりさせることもパートさんの世界では不可欠です。

　パートさんの多くは他社で働いた社会人経験があるため、「立場に応じたふるまい」を理解できる人が比較的いらっしゃいます。相手が上役ならそれなりの対応をしますし、相手が同じ立場なら親しく接します。これは良いことです。ですが、それゆえに事件も起きるのです。

＜失敗例＞

　ある関西地区のお店に、関東地区の他店から店長経験もある大ベテランＡさんが送り込まれてきました。Ａさんは上司に「関西地区にあるお店の指導に行って欲しい」と頼まれたのでそのつもりで行きました。そのお店に着いて改善点をあれこれ助言すると誰もメモも取らないし、なんか雰囲気が日に日に悪くなっていくのを感じました。ある日、自分も毎日の掃除当番に組み込まれてしまい、指導者としてきたのにどうしてこの店の当番に組み込まれるのか理解できないとその店のスタッフに伝えたところ、スタッフさん達が怒りだしてしまったのです。「言いにくい話ですが、Ａさんは私たちのお店に応援で来てくださるという話を事前に伺っていました。なのでありがたく当番も組ませていただきました。ところが来た途端、私たちのお店のダメ出しばかりするし、当

番はやらないということですし、私たちはこの状況をどう理解したらいいかわかりません」と泣き出されてしまいました。

　この問題。間に入った各店の上司のあきらかな伝達ミスです。Ａさんは「指導者」として他店にいくのと「応援者」でいくのとでは立場が全く異なります。今回の場合では、最初から受け入れるお店のみんなには「アドバイスしてくれる人が来るよ」と言っておけば、そう立場をわきまえて迎え入れたはずです。

　男性管理職は「人手が増えるのだからそんな細かいことどうでもいいじゃないですか」と笑いとばしますが、どうでもよい問題ではないのです。パートさん達だって組織で働く以上、人の立場、自分の立場を測り、どちらが上なのか気を配りながら働いているのです。大人だからこそこういう配慮があり、ボタンを掛け違うと大きな傷を負うことにもなり得るのです。

◆2つ目。キャリアパスをちゃんと作ることです。（図説）

　キャリアパスとは、仕事の経験を積んで進んでもらう道（パス）のことです。「階段」とも言えるかもしれません。この階段を作るとパートさん達が目標を持ちはじめます。

　これを会社が作らないと、社歴の長いパートさんはただだ長年同じ仕事を繰り返すことだけが自分の仕事だと思い、

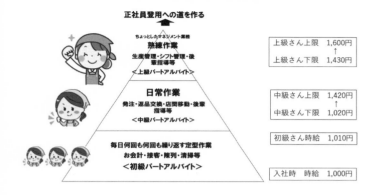

パートアルバイトさんのキャリアパス（例）
〜新しいことに挑戦したい気持ちと能力（知識＋技術）を伸ばす道を作る〜

正社員登用への道を作る

ちょっとしたマネジメント業務
熟練作業
生産管理・シフト管理・後
輩指導等
＜上級パートアルバイト＞

| 上級さん上限 | 1,600円 |
| 上級さん下限 | 1,430円 |

日常作業
発注・返品交換・店間移動・後輩
指導等
＜中級パートアルバイト＞

| 中級さん上限 | 1,420円 |
| 中級さん下限 | 1,020円 |

毎日何回も何回も繰り返す定型作業
お会計・接客・陳列・清掃等
＜初級パートアルバイト＞

| 初級さん 時給 | 1,010円 |

| 入社時　時給 | 1,000円 |

それ以上成長しようとは思いません。成長しないベテラン集団がどんなものかは想像がつきます。

　キャリアパスがあれば、パートさん達なりに目標も持ち、会社や上司の期待に応えようと前向きに学ぶようになります。

　パートさんはスタート地点では「責任がない仕事がしたいからパートがいい」と思っています。ですから毎日の仕事ができるようになって上司から「そろそろこれもお願いします」といってだんだん難しい仕事を頼まれるようになるとムッとするのです。えーこれも私がやるのと。「そんなことまでやるとは最初に聞いていません」と言い始めるのです。それ受けて上司は「この人はやる気がない」とか「後ろ向きだ」と判断してしまうのです。

　私も料亭のアルバイト時代、慣れてきたころに支配人か

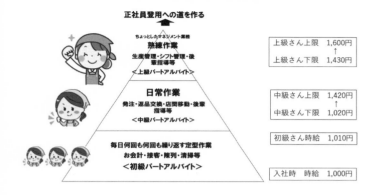

それ以上成長しようとは思いません。成長しないベテラン集団がどんなものかは想像がつきます。

　キャリアパスがあれば、パートさん達なりに目標も持ち、会社や上司の期待に応えようと前向きに学ぶようになります。

　パートさんはスタート地点では「責任がない仕事がしたいからパートがいい」と思っています。ですから毎日の仕事ができるようになって上司から「そろそろこれもお願いします」といってだんだん難しい仕事を頼まれるようになるとムッとするのです。えーこれも私がやるのと。「そんなことまでやるとは最初に聞いていません」と言い始めるのです。それ受けて上司は「この人はやる気がない」とか「後ろ向きだ」と判断してしまうのです。

　私も料亭のアルバイト時代、慣れてきたころに支配人か

ら、同じ大学から来るアルバイトさんのシフト管理をやって
くれないかと言われ、即答で断ったことがありました。そん
な面倒なことをなんで引き受けなくちゃいけないのかと。そ
れは支配人の怠慢だ！くらいに思っていました。今から考え
れば、支配人は、やれそうで引き受けそうな私に次のステッ
プの仕事を頼もうとしていたのかもしれません。これは自然
なことですし、間違っていなかったのだと思います。

　　💀もっといろんな仕事をやらせたい上司
　　💀これ以上仕事を広げたくないパートアルバイトさん

　両者のこの不毛なすれ違いを解消したければ、入社したと
きにこのキャリアパスをちゃんと見せてあげることです。次
のステップの仕事をやりたくない人は一定数いらっしゃいま
す。新しい何かを覚えて成長するよりも、毎日決められたこ
とだけ何年でも同じようにこなしたい。こういう人はそれで
よいのです。そういう生き方なのですから私は尊重します。
その分時給も上がらなくてよいのです。

　一方で、パートアルバイトさんといえども、新しいことや、
難易度の上がるお仕事にチャレンジしたい人もこれまた一定
数いらっしゃいます。こういう仕事の幅を進んで広げてくれ
る人に、ちゃんと次なる仕事を提示したいものです。直接の
上司たちはこういう人を増やすべく採用や雰囲気づくりに努
めていただきたいです。

さっきの私の料亭アルバイト時代の話。シフト管理の仕事を女将さんが「あなたの立場をみんなにもちゃんと伝えるし、やり方も教えるし、時給も〇〇円アップするわよ。まずは1カ月やってみない？」と言ってくれていたら引き受けたと思います。（そもそも日ごろから偉そうな言い方をする支配人が好きではなかったというおまけつき）

　時給アップもこれと併せて考えます。「私は何年もここで働いているのだから新人と同じ時給ではおかしい」という人が本当に大勢います。私は、何年働いていようとも新人とほぼ同じお仕事をしていて、多少手際が良いくらいなのであれば、勤務年数に応じて毎年時給を上げる年功序列の道理はないと考えています。（最低賃金だけはクリアしますが）

　ただし、いろいろ次のステップの仕事を意欲的にやってくれる人や、後輩に仕事を教えてくれたりする人にはワンステップ高い時給をお支払いしたいです。

　この話をすると経営者の方に、「パートさん程度にキャリアアップなんて大げさな」とか「すぐ辞めるしいつまでいるかわからない人たちにそんなもの必要ない」または「みんな平等じゃないともめるので差はつけたくない」と言われます。

　私は、パートさんだからこそ、逆にキャリアパスが必要ですねとお答えします。

理由は、パートさんはいつまで勤め続けてくれるのか保証がなく、勤務時間や日数も少ないので、短い期間で戦力になってもらえるように短期育成プログラムが必要です。たとえば最初の１カ月にここまでできるようになりましょうねという具体的目標をはっきり見せます。数年かけて育成する正社員とは異なり、パートアルバイトさんは数週間、数カ月単位で育てます。

　そして「パートさんはみな平等にしないともめる」派の経営者さんにこれだけは知っておいていただきたいのですが、パートさんの現場には必ずヒエラルキー（ピラミッド型の階層組織）が自然発生します。忙しい現場を回すにはいざというときに「決める人」「従う人」が必要だからです。社員管理職の影響力が薄く、かつ忙しい現場でパートさんたちは、困った時や迷った時に現場経験の長い人に相談します。マニュアルを見たり、本社に電話して指示を仰いだりはしません。そんな時間はないからです。

　「こんなとき誰に聞く？」「それはもちろん一番わかっている人でしょ」と。そうやって群れのボスが決まっていくのです。多くの現場ではその店の開店当初からいるパートさん（勤続25年級も時にお目にかかります）はすべてを知っています。転勤してきたどの店長も社員も頭が上がらないはずです。とにかくすべてのケースを把握し、すべてを掌握しているからです。ですから、みんなが真実に平等などというのは

幻想であり、決してあり得ません。

　ここで問題が3つ。

①誰がボスになるかによって職場の空気感と離職者数に大きな差が出てくるということ。仕事ができる人がたいがいボスになるが、人柄が良いとは限らないということ。

②ボスパートさんは正式にマネジメント（人の動かし方）を学んだわけでもなく、会社から任命されたわけでもなく、ただ長年の現場経験と知識から頼りにされているだけという未熟さがあり、部下や仲間をどう動かすかの知識はないということ。

③仕事ができる人であっても判断基準や作業手順は個人的な経験則であり自己流。本社の意向に沿っているとは限らないということです。

　お客様に一番近い最前線で働くパートさんは日々誰のいうことを聞くべきか、その日のシフトで一番力が強く、声が大きい人の「正しさ」を受け入れます。無益な争いを避け平和を維持するためにそうするのです。会社の理念や方針という「会社の言う正しさ」は自分の居場所を守ってくれるとは限りません。郷に入りては郷に従うのです。ですから、誰と働くか、誰が上になるかはパートさんの世界ではとても重要な問題なのです。

あるホテルにはMさんとEさんという核となるスタッフさんがいました。Mさんはこの道60年のレジェンド。Eさんは製造業から転職してきた10年選手のしっかり者。あるとき客室のアメニティをセットするときに「ひげそり」を置く位置が日に寄って異なることを新人パートのRさんは発見。不思議に思い先輩パートさんに尋ねると「しーっ。大きい声で言わないで。ここではMさんとEさんのどっちが仕切っている日かによって、やり方を変えるの。じゃないと大変なことになるから」。「そうなのですね〜」なんて言っている矢先にレジェンドMさんの野太い怒鳴り声が飛んできました。「誰だーこんな向きに置いたのは！こんなのはダメだ。すぐやり直せ」新人RさんはさっそくMさんの地雷を踏んでしまいボコボコに叱られてしまいました。そして数日後には来なくなってしまいました。

このホテルでもマネージャーさんは「お客様のことを考えて良いようにする一番大事なのよ。臨機応変にやってちょうだい」という漠然とした指示しか出しません。マネージャーさんの言うことはごもっともなのですが、現場で作業する者としてはこれでは済まないのです。

「お客様にとってどういうオペレーションが正しいか」を会社が決めなければ、「誰かが思う正しさ」がまかり通るわけです。仕切っている人が変われば正しさも日替わりで変わ

るのですから、正直やっていられないなと思います。

（例）にわか寄せ集めでも組織される例

　ある保育園では夏のお泊り会という、園児が園に一泊するというワクワクする楽しいイベントがあります。その際は昼食に加えて夕食と朝食の計三食を園で子どもたちに提供するため、いつもの給食の先生たちだけでは賄い切れません。そのため早朝と夜は保護者が応援に入ります。園での食事作りに不慣れな保護者が調理室に沢山手伝いに入るのですが、これがまた非効率極まりないのです。

　みなさん気合い入れて来てくれるのですが、所詮烏合の衆。わかっているのは献立と食事開始時間だけ。給食先生たちは控えめな性格なので、来た保護者に指示も指導もせず、「わからなかったら聞いてください」というスタンス。集まっているお母さんたちも誰がリーダーになるということも決めていないので、誰も指揮をとりません。お手伝いの頭数は揃っているのに何を、どうやったらいいかわからず、人が何をやっているか見ながら自分のやることをみつけて着手するのでまったく機能しないのでした。

　遅れてきたお母さんはみんながそれぞれ何をやっているかわからないので動けない。そこであるお母さんがたまらず口を開きました。「誰か指示して！言ってもらえたら動けるから助かります」と。そしたら長年経験のあるお母さ

んが「じゃあ私が」とひとり一人に作業の割当を指示して
くれました。遅れて加わった人にも作業を割り当てます。
やることが明確になり、やり方がわからなければ誰に聞け
ばよいかがわかり、一気にみんなが活気づいて動き始めた
のを私は目の当たりにしました。にわか仕立ての寄せ集め
集団でも、組織すれば力を発揮できることがわかりました。

人づくり5つのしくみその2
【できるだけ良い人と出会える求人・採用プログラムがあるか?】

　コロナ前は人手不足で採用コストが天井知らず。パートさ
ん確保のために年間数億円かけざるを得ないところも少なく
ありませんでした。ところがコロナで形勢は逆転。これから
は巨額のコストをかけずに良い人と出会える募集方法を、各
店で開発していきましょう。求人を出す会社が減り、仕事探
しをしている人が急増している今がチャンスです。(図表4)

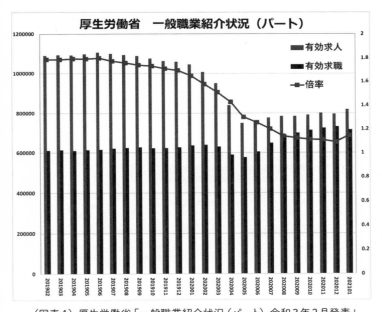

（図表4）厚生労働省「一般職業紹介状況（パート）令和3年2月発表」
求人数（人が欲しい会社）がコロナ4月から急減。逆に求職者数（仕事を探している人数）は増えている。こういう時は良いパートさんと巡り合える絶好のチャンスです。

　ポイントはできるだけ優秀な人と出会えるチャンスを増やすという点です。私の会社の場合も、これからはママさん、大学生、若いシニア（60歳）の採用に力を入れていきます。このメンバーが揃えば平日と週末、朝から夜まで幅広い時間帯のシフトが組めて、かつ運営レベルも維持しやすいからです。

1. ☑ 自店（自社）のパートさんに聞くことで採用の改善点を見つける

　もしいま高コストかかっているにもかかわらず良いパートさんが確保できていなければ、一度こちらで検査してみるのはいかがでしょう。何がうまくいっていて、何が課題なのかがはっきりすると次に取り組みやすくなります。

パート・アルバイトさん リクルートアンケート

記入例

良い例	わるい例
●	○ ⊘ ⊗

このシートは折らないでください

Q8 入社後、初めて仕事を教わったときの感想を教えてください。

○ ていねい・楽しい
○ 普通
○ つらい・厳しい
○ 理解しづらい・ていねいでない
○ 人によって教えることが違う
○ その他

[その他] の解答欄

Q9 当社で働くのは楽しいですか?またその理由を教えてください。

○ 楽しい
→ ○ 友だちができた
　 ○ 雰囲気が良い・楽しい
　 ○ 仕事にやりがいを感じる
　 ○ 同じ世代がいる
　 ○ その他

[その他] の解答欄

○ 楽しくない
→ ○ 仕事が単調である
　 ○ 仕事がきつい
　 ○ 人間関係が難しい
　 ○ 雰囲気が悪い・活気がない
　 ○ その他

[その他] の解答欄

Q10 現在、当社で働き続けている理由は何ですか?

複数回答可

☐ お金のため
☐ 友だちができるから
☐ 勤務日や勤務時間が柔軟だから
☐ 社会勉強になるから
☐ 時間の有効活用のため
☐ 楽しいから
☐ 学校・家に近いから
☐ この職場が好きでやりがいがあるから
☐ 家族が安心してくれるから
☐ 辞めて他に行くのが面倒だから
☐ その他

[その他] の解答欄

ご協力ありがとうございました。

パートアルバイトさんまうひとつ案略の
Smile Lab.
株式会社スマイル・ラボ

リクルートアンケートについての詳細は、こちらの QR コードからスマイル・ラボ公式ホームページをご覧ください。

あるチェーン店さん（60店舗）で働くパートアルバイトさん向けにこの調査をしたところ「86％の人が楽しい」「75％の人が友人にこの仕事を紹介できる」という回答でした。こうなるともう求人サイトに高額払うのは即時にストップして、いま働いているみんなが紹介してくれるよう力を入れる方に切り替えることができます。

　その方が低コストでよっぽど良い人が集まりますから。なんせ今働いているスタッフによる一次面接を通過した人たちですから、失礼な言い方ではありますがハズレの方が極端に少なくなります。さらに新人さんが入社した後も、紹介したスタッフが仕事を教えて面倒を見てくれるから困った時にひとりで悩まなくて済むので早期離職も防げます。

　今いるスタッフに「紹介＝支持」してもらえるお店運営をめざしたいものです。コロナ禍で人々の行動範囲が狭くなっており、遠くよりは近く、知らない所よりは知っている所、Googl Ｅ マップの口コミやSNSで調べて買い物したり、仕事探したりすることが当たり前になりました。口コミのスピードと影響力が増しているからです。

２．☑求人３つの改善点を見直す
　集まらないお店の店長が改善することはこの３つだけです。
　１）だれを狙うのか
　２）なにを書くのか
　３）どこに出すのか

1）だれを狙うのか

　人が欲しいのはいつなのか。たとえば「平日の遅番のレジ」であれば、この時間にうちのレジに来て働ける人ってこの辺りでは誰だろう？という問いの答えを探します。ダブルワークの会社員なのか、夕方は手が空いている自営業（フリーランス）の人なのか、近所の大学生・高校生なのか。いま、その時間に働いてくれている人からヒントを得て、具体的に狙いを定めます。

①小さいお子さんのいる若いママさん層はチャンス

　正直なところ、小さいお子さんがいる女性のパート採用に積極的なところはまだそんなに多くありません。お子さんの手が離れたママさんの方が好まれますね。というのも、お子さんがまだ幼稚園や保育園児さんなどのように幼いと、急な病気で朝突然休む、保育園から発熱やケガや急病の電話が来て急に帰る、土日祝日は出勤できない、遅番も無理。長時間営業をしているスーパーではほぼ歓迎されません。

　しかし、この欠点をチャンスととらえて「お子さんの病気の時など、お互いに助け合っているから安心して働けますよ」を求人の前面に出します。そうことを言ってくれる会社は多くありませんので、必ず目に止まるはずです。まずは平日だけでもシフトに入ってもらえれば、いま毎日勤務している人たちを休ませてあげることができます。そうやって工夫すれば若い長期的働き手を確保しやすくなります。

急な休みに対応できるしくみをもつ

　パートさんの世界は「休みやすい職場が働きやすい職場」なのです。一見非常識とも思えるこの現象、その理由はパートさんの多くが子育てや介護を抱えていて、そもそもフルタイムで働くことが難しいいろんなことを背負った状況で生活している人たちであることが背景にあります。幼い子供や、認知症や病気の家族がいれば、突発的なことが発生して、朝突然出勤できなくなったり、すぐ職場を抜けたりしなければならない事態発生は常に背中合わせです。

　こんな事態に備えるしくみを試しています。お互いが休みをカバーし合える「急なお休み助け合い制度」です。ママさんパートのＡさんが朝、お子さんが急に熱を出して出勤できない！そんな連絡を受けた時、現場責任者の社員さんは、その日お休みになっているみんなに一斉メールをします。返事が来た適任者Ｂさんにその日の勤務をお願いします。替わりに出勤してくれたこのＢさんは働いた分の時給はもちろんですが、「お助けポイント５ポイント」がもらえます。急に休んだＡさんは５ポイントマイナスになります。こうやって、助けた人には「休んだ本人からの感謝の言葉」「会社からはお助けポイント」が受け取れるようにします。年度末に全員がこのポイントを精算して、現金や商品券として会社から支給され、表彰されます。この制度に取り組んだ職場では３年経過しますが、お互いに休みやすく、シフトも埋まりやすく、辞める人が減ることで生産性が上がり、直接経費を８％カッ

トできました。急な事情で休みやすいためパートさんは助かり、欠員も補いやすいのでシフト管理の社員さんも助かる、絶妙のバランスを保っています。このポイント制度は、土日祝日早朝夜など人が入りにくい時間帯にも応用できるかもしれません。私の会社でもこの制度は採り入れます。これはある程度の「多能工化」ができていると導入しやすいですね。一人の人が社内の持ち場をいくつかできるようにトレーニングしておくことです。

　ちなみにここのパートさんからは「この会社は時給が安いから他の仕事を探そうかと思うのですが、子供のいる私たちのシフトを配慮してもらえるところが他にないので、転職できずにいるのです（苦笑）」という意見がありました。

②シフト安定のために中高年の方を採用する
　今20歳代の店長さんから見て50歳（ちょうど私くらい）はすでにシニア層扱いで採用は嫌かも知れませんね。ただ、50歳代というのは隠居しておらずまだまだ現役子育て世代。稼ぐ理由がしっかりあるので一所懸命働いてくれます。60歳の方でもまだまだお元気で、年金や今後の生活不安のために働きたいというニーズがあります。家にこもりっきりになり人と接しなくなることや、健康不安のためにも働きたいのです。正直シニアの採用はためらいますね。仕事を覚えるのに時間がかかり、動きも若い人と比べたら早くないですからね。しかしまじめで遅刻せず休まない、早朝や夕方や土日祝

日など、ママさんたちが働きにくい時間帯や曜日にも、喜んでシフトに入ってくれます。ママさんと中高年の方をうまく組み合わせることに早くチャンスを見出したら早く突破口が見えてきました。実際にやってみると、フルタイムに近い長い時間働きたいシニアの方が多く、私はびっくりしました。ただ年を重ねると疲れには勝てませんので、シニアの方の長時間雇用はお薦めではありません。3時間など短めで集中して働いていただくのがよいかもしれません。

　この中高年採用について注記しておきたいのは、これまでの人生でどういう仕事をしてきた方なのか、経験の差が知識や理解度の差に出るということ。年を重ねるとついつい新しいことへの対応が苦手になっていきます。そういう人が増えすぎても職場が硬直してしまうので好ましくありません。しかし同じ年齢であっても、これまでの職場でどういう働きをしてきたか、どういう姿勢でやってきたのかお話をよくお聞きしてみると個人差が大きいことに気が付きます。年齢でひとくくりにせず、一人ひとり何を提供していただけそうか見極めてそれから判断します。

　ちなみに私の会社の新規事業の責任者クラスとして定年退職直後の60歳の方を3人採用しました。すべて私が過去に仕事で直接お会いした方々です。これまで現場の統括や指導をしてきて、新しいことにどんどん挑戦してきた姿勢を見てきたからです。年齢だけで能力は語れないのです。

そのためにも2〜3時間で1ユニットにする

　いままでスーパーのパートさんは5〜8時間の通し勤務が当たり前で、正社員との違いがないことが逆に問題になるほど長時間化が進んできました。私はこの流れをちょっと変えたいと思いお試し中です。2時間勤務でも仕事をつくれるよう、仕事の割りあて方を見直します。これまで難しかったダブルワークの会社員や、若いシニア、ママさん層をシフトに組み込みやすくします。

短時間シフト導入に既存パートさんの理解を得る

　スーパーの本社が一番恐れていることは、パートさんたちの働いてもらい方を変えることで、今までいた人たちが納得いかず一斉に辞めたり、新しく来た人をいじめたりという事態が起こることです。事前に準備をする必要があります。

　まずは店長が、昔からいる方お一人ずつと話す時間をとります。時代が変わってきたこと。人の補充ができない状態が今後も続くことで先輩のみなさんにかける負担は増える一方であること。話してもわかっていただけず、不満をぶちまけてみんなをあおるような方には、契約更新を機にお辞めいただく選択も必要です。そして、経験の長い方に辞められても困らないよう、新人さんを早く育てる現場トレーニングの備えも必要です。

　昭和の昔から既存のパートさんたちには無理を長年言っ

て、土日祝日お盆年末に出てもらってきた手前、今さらそんな短時間や平日のみの（一見甘やかしたような）勤務スタイルを導入するなんて言いにくいというのがホントのところでしょうか。既存のパートさん達に事情を話して、短時間の方の採用や土日出られない方の採用を始めることへの理解をお願いするしかありません。

　実際に全店で説明会をしたチェーン店さんがありましたが、いろいろな働き方への既存パートさんの理解は案外ありました。みなさんも高齢化が進み、体力的にきついのも事実なのです。何でもよいので人を補充して欲しいという要望の方が強かった印象です。少しでも手伝ってくれる人が増えることでみなさんが体力的に楽になることを励みに、協力をお願いしていきましょう。ポイントは、気難しそうな方から優先的に面談をして「○○さん、実は相談があるのですけど15分ほどいいですか」と相談風に声をかけて、その方の意見もお聞きして力になってもらうことです。

　逆に、これまでのやり方を変えて古参のパートさん達が辞めるのは困るので、赤沼さんが言う理屈はよく理解できますが、やっぱりやめておきますというスーパーさんもありました。パートさん集団に新しいことをわかってもらって協力を取り付けるのは容易なことではないので、それも理解できますね。

③外国人の方の採用も目を向ける

　日本語が完璧でなくても、ある程度できるなら働いてもらうことは可能です。（不法滞在かどうかのパスポートチェックや留学生の労働時間制限には注意してください）留学生さんは夕方と土日に喜んで働いてくれる貴重な仲間です。漢字は読めなくてもカタカナ・ひらがなはバッチリという留学生も少なくありません。さらに私は、日本人と結婚している外国人ママさんの就職のお世話をしていますが、子育てを日本語でしている彼女たちはなかなかよい人財です。いま働いている人に紹介してもらうのが一番確実です。また、店頭に貼る求人ポスターやポスティングチラシに「外国人の方も大歓迎（ふりがなつき）」と書いて試してみています。

　これまで外国人留学生は飲食店のアルバイトとして働いていた人が多く、今は仕事を失って困っています。社内に一人でも留学生がいれば「お友達で仕事探している人はいないですか？」と聞いてあげると、そこから高確率で紹介してもらえるはずです。

＜番外編＞

　私が開発した動画トレーニングアプリでは約120か国語に瞬時に翻訳されるので、私たちの現場のマニュアルをその人の国の言葉で見てもらえ、伝わりやすくなります。技術の力を借りるのも1つの手です。

２）求人の原稿に何を書けば応募が増えるのか

　あなたが狙っている人が「お！」と思うような内容を書きます。前述したように（74ページ）そもそもなぜフルタイム正社員さんではなくパートアルバイトという働き方を選んでいるのか。それは何らかの事情で「自分の都合の良い時間・日に働きたいから」が理由でしたね。採用する店舗側のほとんどがこの事実を理解していないのか、わかるけど現実的に対応できないのか。応募を増やしたいならここがまさに効果が出る最大の改善点です。

ポイントは
①時間・曜日・回数を絞り込まない
　応募者は自分のあいている時間をうまく使って仕事をしたい人たち。なので「勤務時間相談できる」風に見える書き方がポイントです。

　今欠員のある部門と必要な時間枠をそのまま正直に打ち出して募集する必要もありません。実際は、枠を超えて働く人もいるし、何がなんでもあの時間枠で働いてもらわないと絶対ダメというわけでもないわけですから、すべてはお会いして面接で交渉するために、ハードルを下げます。

　デメリットもあります。今は足りている時間帯（平日午前中の応募に偏る傾向があります）の応募者も沢山電話してきます。そういう場合は電話で断らず、5分でも10分でもお会

いして「お人柄」を確かめてください。良い人ならひとこと「登録させていただいてもよいですか？空きが出たら優先的にご連絡したいのですが」とお伝えしてノートに連絡先をメモしてストックしておきます。今いるスタッフもいつまでいるかわかりません。控え選手ノートを作っておけば、困ったときに以前面接したよい印象の方に電話できるのです。（個人情報の管理基準に配慮してください）

②応募者の生活は「今」と「来年度」では変わるということ
　いくらなんでも週３日くらいは来てくれないと仕事を覚えられないし、土日祝日出てくれる人じゃないと困るし……そう思って求人ポスターに「週３日〜　土日祝出られる方」と正直に書く店長さんが多いのですが、書けば書くほど応募者は減っていくということを覚えておいてください。

　例えば幼稚園の年長や小学６年生のお子さんがいるお母さんは、今はそんなに沢山働けませんが、来年以降は生活がガラッと変わるので、ガッツリ働く先を冬ごろから探しています。お子さんが部活動で土曜日いない時など勤務が可能になってきます。

　でも応募者もお店側も「今」に焦点を置いて求人・求職をしますので、来年以降の可能性に思いを寄せられません。良い人と出会えそうな可能性をお店側からつぶさないことです。いろいろポスターに書かずに間口を大きくとり、すべて

従来の店頭ポスターの例（良くない例）

コロナ前のおすすめ例

は面接で交渉しましょう。

　求人の書き方は、いまあなたが置かれている状況に合わせて微調整が必要だと思います。ちょっと出せばすぐ集まるのであれば「やや条件を絞って」出すことができます。本当は書きたい「土日祝入ってくださる方優先」などと強気に書くことができると思います。

　私のクライアント（200店舗）も長年パートさんが集まらず、試行錯誤してきました。集まらない時期は条件を広げて「働いてみたい曜日・時間・回数をご相談ください」だけを前面に押し、一人でも多くの方と面接できるようにやりくりしました。

　コロナを経てここ1年は、1つ求人出せばドッと

コロナ禍でのおすすめ例

応募が増える可能性があり、こうなると応募条件をやや絞って出すことを検討しています。「交代で土日出られる方」「夜19：00まで働ける方」など。

3）どこに求人を出すと効果的なのか

　ここ4年ほど続いた超絶人手不足時代から効果的な求人掲載の媒体をいろいろ試してきましたが、効果的な求人手法として行きついた結論は、

　　・いま働いているスタッフからの紹介（身内から）

　　・店内に求人ポスター掲示（店内）

　　・店頭に本気サイズの巨大ポスター（店頭）

　　・大手のネット求人サイト（広域）

　店舗があるビジネスであればこの3つに集中すればまず結果が出ることがわかってきました。

集まりにくかった時代とはまったく風向きが変わってきました。ここまで見てきた

　1）誰を狙うのか

　2）何を書くのか

　3）どこに出すのか

　この3つをチェックして、できるだけ優秀なパートアルバイトさんと出会いたいと思います。

3.　☑応募電話がかかってきた時の応対を見直す

　「求人を見たのですが〜」という電話がかかってきたときに大事なこと。

＜これまで＞

・「働ける時間と曜日」をたずねる

・「年齢」をたずねる

・「あ〜今平日はもう募集してないのですみませんね」と即お断りする　というのが定番でした。

＜集まりにくい業界向け＞

・応募してくれたお礼を述べる「店長の○○と申します。ご連絡ありがとうございます」

・面接のアポをとる「○○さま、面接に30分ほどお時間いただきますが、○日と○日あたりご都合いかがですか？」

と、できるだけ早急に会う約束を取り付けます。これ以上電話口であれこれ質問して絞り込まないのがポイントです。なぜなら応募者はうちだけに面接に来ているわけではなく、他

もいろいろ候補として挙げているハズです。良いところがみつかるとそちらにさっさと決めてしまう可能性があるからです。

　店長にとって「採用業務」を最重要業務の一つと位置付けてください。
　「えー⁉応募の電話が来た時に年齢も聞かないのですか？働ける時間や曜日を聞かないと条件の合わない的外れな人が来てムダな面接の時間がもったいないです！」いうご意見をよくもらいます。まあそうかもしれませんがムダかどうかは採用業務をどれだけ重く見ているかによるかなと思います。

　私は「採用」は教育以上に大事だと思っています。誰でも同じだと思って深く考えずに採用して、現場のみんなが仕事を教えてもさっぱりできるようにならない人がいます。時には逆ギレして辞めていく人もいます。人を雇用するということはどんなに少なくても年間100万円相当をお支払いする会社にとっては「大きなお買い物」です。雇われた方の生活にも影響がありますし、受け入れた現場のパートさん達にも影響が及びます。店長業務の中で売上責任も重いですが、同様に雇用責任も重いと思います。少しでもよく働いてくださって、職場雰囲気を明るくする人と出会う最善を尽くしてほしいです。店長は「採用は最重要！」と思って優先順位を相当引き上げてください。

私は、少しでも優秀でお人柄が大丈夫な方を採用したいので、応募者とはできるだけ会うようにしています。先に「小さい子供がいて…」と言われると（ああ土日の勤務は無理だな〜）と目の前の採用対象からはやや外れる可能性がありますが、短時間でもできるだけ優秀な方と会っておきたいので、お話を聞くようにしています。すると会って話しているうちに「土曜日は出勤できます」とか、「週4日出勤できます（最初は週3日だったのに）」とか、当初の話と変わってくるのです。

　同じようなことが、ある雑貨店でもありました。外販責任者の女性部長さんが採用面接をしていると、面接に来た主婦の方がこちらの条件に合わせて働けるように話を変え始めたと。怪訝に思った部長は正直に尋ねたそうです。すると、その主婦の方は、「部長のような人がいるところで働いてみたいと思いまして」と答えたそうです。

　ここです！大事なところ。採用面接では、実はこちらも見られているということなのです。どんな人が上司なのか。どんな人が働いている会社なのか。そして、その雰囲気が良いとスケジュールをやりくりして働けるように調整してくれる場合があるのです。ですから電話口で条件だけ聞いて、合わないとさっさと断ってしまうとこういうことは起こらないのです。条件（主に時間帯や曜日や週何回とか）は双方にとって大事ですが、会って話すと条件が折り合う時があるのです。

＜集まりやすい業界向け＞
・応募してくれたお礼を述べる「ご連絡ありがとうございます」
・「ご希望の勤務時間や曜日はありますか？」
・「あいにくその曜日はもう埋まってしまいました。申し訳ございません。かわりに○○はいかがですか？」
・条件があわないところの代替案を勧めてみる。

　数人の採用予定に対して、30人の応募者が来るのも昨今珍しくありません。そういう場合は、入口で条件に合う方だけに少しだけ絞らせていただきます。

　どちらにしても要点は、「複数人の中から選ばせていただくこと」です。

4．☑面接での質問を見直す

面接は
①当社で働くのにふさわしい人かどうかを選別する場でもありますが
②同時に応募者もこちらを見て選別している
③仕事内容や働く上での条件をお伝えする
④条件の交渉の場（働く時間・曜日・日数がどれだけお互いに歩み寄れるか）
です。

現場で使われている面接チェックリストの多くは、上記③労働条件の伝え漏れがないようにリスト風にしたものと、身だしなみや印象をチェックする項目がある場合が多いです。労働条件は後から「話が違います」と言われるのを防ぐために大事ですし、身だしなみや第一印象も大事です。ですが本来もっと優先順位が高いのは、採用するべきか否かを判断する基準です。そしてそこは各社異なります。

　ある小売店ではかつてはパートさんの採用時に、
　・「販売業経験者」
　・「販売能力の有無」
が最優先であったため、確かに売るのが好き、数字で結果を出すことが好きな人が増えました。しかし他の仲間と協力して仕事ができない一匹狼のような人が増え、人間関係がギスギスしているお店が多くなり、新人のパートさんがなかなかなじめず定着しない状態が続きました。

　そこでその反省にもとづいて、採用したい人の基準を、
　・人間関係をやりくりできるか
　・チームワークを大事にしてもらえるか
　・今いるスタッフとの相性がどうか
を見る項目を面接に盛り込みました。

　質問する際に「人間関係をやりくりできますか？」とか「チームワークは大事だと思いますか？」のようなYesまた

はNoと単純に答える質問方法だと間違いなく「はい！」と答えられてしまう可能性が高いです。こういうときは、「〇〇さんのこれまでの職場で合わない人というのがこれまでもいらっしゃったかと思います。そういう時はどう工夫してこられたのですか？」や、「うちのお店は常時2～3人の少ない人数で運営しています。そういった日常ではどんなことが大事だと思いますか？」という考えや経験を自由に話していただく問いを設けました。

　さらに、面接時に店内にある一番重い商品を少し提げていただき「重いものは腰が悪いので無理です」と働き出してから言い出されるのを減らそうと試みました。これらによって以前より的外れな人は減りました。（とはいえ完全ではありませんが）。

　面接の質の向上はまだまだ試行錯誤が続きますが、経験が浅い店長でも面接がスムーズにできるように、マニュアルとチェック表の合体版で、どんな風に話せばよいのかそのままセリフ付きのチェック表にしてみています。これは比較的わかりやすいのか、大掛かりな説明会なしでも200数店舗規模の店舗に導入できました。

チェック式パート採用面接表（A社の例）

面接日　年　月　日	面接者	店番	店名	応募者氏名	様

お出迎え	チェック	
初めての対応		面接予定時刻前に来られているスタッフにお伝えください。第一印象を大切にして下さい。
お呼び入れ		店長、担当者自らお迎えに行き、事務所内にご案内する。入社後の業務形態も変わってきています。
あいさつ		今から面接を始めます。私は社長の○○と申します。
面接自己紹介		よろしくお願いします。本日は20分程度のお時間を頂きます。
面接環境整備		先にご案内をお伝えしてもよろしいでしょうか。ここではいやな事や雑談はしません。

募集内容	チェック	
内容確認		それでは最初の内容を確認して頂きます。今回はどんな仕事をご希望ですか？
入職先		○○時から○○時まで、休憩時間あり60分です。
出勤務		半年以内は○○に勤務して頂きます。
給与		試用期間は○ヵ月、その間の昇給は○円になります。
試用期間		初めての人も1ヵ月、その間の昇給はありません。
指定休み		週○日です。絶対に取れない曜日または時間帯はありませんか？
中間賞与		ここまでご質問等はございませんか。

勤務条件	チェック	
シフト制		店の勤務体系はシフト制、土日、祝日は交替でお休みを取るようにしています。
希望休み		ご家族のご都合はいかがですか。
有休		有休は半年で10日勤務し、その後10日間付与されます。
交通費		自宅近くの距離が1キロ以上であれば交通費が支給されますか？上限額は25,000円になります。
保険適用		入職の場合は、雇用保険、社会保険に入れます。
昇給賞与		入職の場合は、雇用保険、社会保険の適用があります。
質問受付		ここまでの勤務条件で気になる点もしくは質問はありますか？

仕事内容	チェック	
会社紹介		
仕事内容		仕事内容を説明させて頂きます。
接客販売商品例		まず、1フロアは○○売場になります。
バックルーム		
適正確認		
適正検査		こちらのタブレットから適性検査をやってみていただいてますか？ 接客で…

	チェック	返答
質問①		人とのお話は好きなほうですか？
質問②		過去に何かスポーツなどをやっていましたか？
質問③		今後の夢などありますか。

しめくくり

終了案内		本日はありがとうございました。
謝礼		

採用基準		すごくよい　○よい　△気になる　×悪い
第一印象		家柄・言葉遣い・清潔感
応募条件		
○×＆スタッフとの相性		
総合		

面接後のチェック	
	採用（即日）発信
	不採用（後日通知）
	営業担当者へ連絡

128

人づくり5つのしくみその3
【基準が見える化されているか?】

　パートさんの働きやすさをつくり、トラブルを防ぐため「店舗の基準」が可視化されていることが求められます。
・マニュアルやハンドブックで基本的な常識や足並みを揃える
・人によりやり方や言うことが違う!を減らす
という目的で、次の2つ「オペレーションマニュアル」「入社時ハンドブック」についてご紹介します。

■オペレーションマニュアル
　オペレーションマニュアルは作業基準書で、主に仕事の手順を示したものです。多くの企業で(活用されているかどうかは別として)すでに存在していること思います。まず、オペレーションマニュアルについて詳しくお話ししましょう(図表5)。

オペレーションマニュアルの各ページは「作業目的」、「達成基準」、「作業手順、注意点、コツ」で構成します。

・作業目的

まず、マニュアルの冒頭で「作業目的」を示します。店舗で行う全ての作業には、必ず何らかの意味があります。例えばある店舗では、来店されたお客さまにお茶をお出しします。お茶を出すことには、2つの目的があります。1つはおもてなしの気持ち。もう1つは、会話のきっかけづくりです。お茶をきっかけにお客さまとの会話が弾むと、話題を提供しやすくなり、お買い上げいただけるチャンスも増えます。

新人さんに仕事を教える先輩は、マニュアルに書かれたこの「作業の目的」を最初に説明します。何のための作業なのか、意味が理解できると、納得してやり方を覚えることができます。

・達成基準

次に「達成基準」とは、その作業について、全ての店舗、全ての従業員が、これ以上の状態を達成しなければならないという、最低限の基準のことです。別の言い方をすれば、達成基準は、社長がお客さまに約束した最低の基準であり、私達従業員が会社と約束した最低基準なのです。

ある小売チェーン店のレジスタッフのマニュアルでは、「お会計時は、お客さまの顔を3回以上見て接客すること」が達

成基準として決められています。この背景には、多くのチェッカーさんがお客さまの顔をほとんど見ないでお会計をしているからです。4回や5回必要に応じて、お客様のお顔を見て感じの良い接客ができるチェッカーさんは、今のまま続けてくださればよいのですが、全く見ないパートさんでも最低3回は、お客さまの顔を見て接客しましょうという（最低ラインの）基準です。このように数字で基準を表わすと、行動を測定しやすくなり、指導がしやすくなります。

　達成基準は企業が従業員に求めている最低基準ですから、この基準より下回ることは好ましくありません。この基準を達成できているか否か評価することができます。

・作業手順と注意点、コツ
　私がおすすめしたいオペレーションマニュアルは、「読み物」ではなく、「見て理解する」ものです。ですから、「作業手順」はお手本となる人のやり方を、写真や動画に撮って掲載します。それぞれの手順に添える説明も20字程度に絞り込み、できるだけシンプルにします。
　「注意点」は、こうしないと「怪我をします」「壊れます」「事故を起こします」といった注意してもらいたい点を書いたもので、かつて起こった事故やクレームなどから得た教訓を示す項目です。例えば、「電子レンジで加熱した後は、やけどしやすいので気を付けます」「包丁の持ち方を誤ると指を怪我します」といったものです。

（図表5）

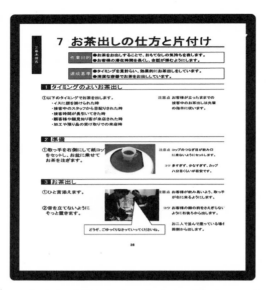

コツは、こうすれば「うまくいきます」「きれいになります」「速くできます」といった、うまくいくちょっとしたコツを共有するためのものです。

最近はタブレットで、写真や動画を用いて基準を伝える方法が増えてきていますね。私が開発した動画トレーニングアプリ

私が開発した動画トレーニングアプリ詳しくはこちらから公式ホームページをご覧ください。

前頁写真をお使いいただいている企業様では、本部は改訂や差し替えが1発で終わるため革命的に楽になりました。そして現場で見る人もわかりやすいという特徴があります。私もかつてチェーン店本部にて5,000店舗に改訂版マニュアルを作成印刷して届ける仕事をしていましたが、コストも時間もかかる割に現場で差し替えや活用がなされないという問題がありました。いまは技術の進歩で、ずいぶん解決しつつあります。

■入社時ハンドブック（ハウスルール）

　これは学生時代の生徒手帳のようなものです。入社した最初の日に店長から手渡され、説明がおこなわれるべき「当社、当店のお約束」をシンプルにまとめたものです。日本では某有名ホテルの「クレド」が有名ですが、クレドよりもより身近で具体的な約束事が書かれている手帳だと思ってください。

ハンドブックの基本的内容 （順番は店長がこの流れでオリエンテーションができるように工夫）		
1. 歓迎の言葉 2. 会社の特色 経営理念 （大切にしている考え方など）	3. 出退勤の仕方 ・駐車場 ・私物の保管 ・タイムカード	4. 勤務スケジュール ・勤務日、勤務時間の決め方 ・遅刻 ・欠勤 ・スケジュール変更
5. 休憩について ・時間 ・無給？有給？ ・出入りのあいさつ	6. 給料について ・締め日 ・支払日 ・時給アップ、ダウン	7. 退職解雇について ・解雇 ・退職の申し出
8. トレーニングについて ・初級 ・指導トレーナー	9. 身だしなみ	10. その他 やってはいけないこと

パートアルバイトさん現場は、幅広い年齢、経験、職歴の方がいらっしゃいます。そして、それぞれが思う常識も異なるため、「OK」と「NG」の受け止め方の差が大きいです。

　このお店では、何を期待されているのか、何をやってはいけないのか、どういう働き方をすればよいのか、簡単にまとめた冊子で説明してあげることが求められます。そうしないと、先輩のやっている悪い習慣が（遅刻しそうなときタイムカードを他の人に打刻してもらう、サンプルを許可なくこっそり持って帰るなど）根付き、ちゃんとしている人とそうでない人の間に溝ができてしまいます。

　ここでは2つの基準の見える化「基本作業の手順」「当たり前のような約束事」についてお伝えしましたが、店長や社員さんにとって「大人相手にそんなことまでいちいち決めないといけないのですか？」と感じるレベルかもしれません。しかし、これが見える化されていないと、教わったことを真面目に覚えて忠実にこなしたいパートさん達はとても困るのです。「一体誰の言うことが本当は正しいのでしょうか、会社としてはっきりしてほしいです。」と言いたくなるのです。

　「誰が（何が）正しい？」という論争に決着をつけず、「それぞれ自分で考えてテキトーにやってください」というザクっとした状態を放置しているのは極めて危険です。「今日仕切っている一番声のでかい人（恐い人）」のやり方にあわせ

たり、その人の気分次第で基準が変わったり、やり方の異なる派閥が生まれたりなど、人間関係のトラブルを自ら招くようなものです。これこそがボスパートの温床となるのです。

　すべてを決めることは難しいですが、「最良のやり方（オペレーションマニュアル）」「最低限のお約束（ハウスルール）」は決めるべきです。

人づくり5つのしくみその4
【最初が肝心　新人パートさんを育てる仕組みはあるか?】

　何事も最初が肝心。パートさんの教育はまさにこの最初が本当に肝心です。バラバラな社会人経験のある人たちの寄せ集めですから、最初の段階で「この会社はこの程度なのね」と解釈が始まります。自社の新人パートさん育成方法を確立しましょう。

■最初の1歩目はオリエンテーション
　働く上で守っていただきたいルールの確認を前述（P133）の入社時ハンドブックを使って行います。採用面接のときにお話ししていることと重複することもありますが、人は誰しも自分が興味ある事（有給・休み・給与・賞与など）しか聞いていないものです。遅刻、無断欠勤、急な休み、辞める時など後々現場で困ることをしっかりお伝えします。伝え終わ

ったら、チェックシートにサインをもらいます。これは「私、そんなこと聞いていないです」を防ぐためです。これを雇用契約時に一緒にやっておきます。

オリエンテーションチェックシート		
説明・実行内容		☑チェック欄
1 店長からの自己紹介		
2 貸与品のお渡し	①名札	
	②制服・くつなど一式	
	③タイムカード？	
	④入社ハンドブック	
	⑤その他	
3 経営理念の説明		
4 日ごろからの心がけの説明	①法令を守ること	
	②お客様の立場で考えること	
	③積極的に挑戦すること	
	④チームワークを大切にすること	
	⑤他の人への気配り	
5 基本的なおねがいの説明	①あいさつ	
	②身だしなみ	
	③言葉づかい	
	④接客8大用語	
6 働いていただく上での決まりごとの説明	①出退勤について	
	②指示・報告について	
	③労働条件に付いて	
	④休憩について	
	⑤勤務などスケジュールについて	
7 給与・就業規則の説明	①給与について	
	②解雇・退職について	
	③有給休暇について	
8 安全管理についての説明	①地震・災害時の誘導について	
	②労災防止について	
9 やってはいけないことの説明		
10 指導を担当する先輩の紹介		
11 身だしなみ自己チェックのトレーニング（実際に着てみましょう）		
12 ストアツアー（店内・裏の倉庫など案内）		
13 次回勤務スケジュールの確認		
14 退店スキャン		
新人スタッフ署名	店長署名	日付　／　／
		※雇用契約書と保管

■次にいよいよお仕事を教えます。

パートさんに仕事を教える場面では２Ｗ１Ｈ１Ｌ

✓だれが教えるのか　　　　　　　　（Who）

✓何を教えるのか　　　　　　　　　（What）

✓どうやって教えるのか　　　　　　（How）

✓どのレベルまで教えるのか　　　　（Level）

この４つの問題が渦巻いています。

１．だれが教えるのか

◆先輩のパートさんが新人さんを教えるメリットとデメリット

メリットは、より身近な先輩に教わる方が新人さんはリラックスできて相談しやいすこと。社員の片腕となって職場を支える幹部パートさんをちゃんと育成できることで安定運営ができます。デメリットは、マニュアルがなく作業手順がバラバラの職場でパートさんを指導者として立てた場合、「私はこうやっているの」という自己流を後輩に教えることになり、社員さんと先輩パートさんとどっちが正しい（もっと言えばどっちが上）のかわからないという不穏な状況になります。

◆どんな人が教える立場に向いているのか

まず教える人には、仕事ができることよりも第一は「お人柄」が求められます。望ましい３つの資質があります。

教える先輩の心がまえ

現場で部下や後輩の指導をする人を「トレーナー」と呼びます。

トレーナーは「人の成長に貢献する」とても大切な仕事です。

トレーナーに求められる **3** つの資質は

| 忍　耐 | しんぼう強く待つ。口を挟まず待つ。手を出さずに待つ。 |

| 謙遜(けんそん) | 上から目線でいばって指導せず、見守り助ける。 |

| 温　和 | すぐキレずに、大きく構えて失敗をカバー。
大きい声を上げず、温かく話して聞かせる。 |

人の成長に貢献する経験を通じて、
自分自身の成長にチャレンジしていきましょう。

私たちには、トレーナーとして次の3つの役割が期待されています。
このトレーナーブックでは、この3つの役割が果たせるよう、「心がまえと技術」
を伝えています。

①1つ目は忍耐です。教える人はとにかく我慢が求められます。なぜなら、新人さんは教えたことを思ったようには覚えてくれません。「もう何回も言った気がするけど（怒）」など、癇癪を起こして嫌味を言ってはいけないのです。相手はど素

 (figure: お願いします／がんばろうね〜)
 (figure: 仕事ができる私にしたがうのよ!!)

人さんなのですから、もう何年もやってきた私達と同じようにはできないのです。

　仕事はできるけれども、ついついイライラが言葉に出てしまう人は、教育担当には向きません。むしろベテラン技術者の道を進むべきです。「も～私がやったほうが早いわ！」とがまんできずに途中で口や手を出してしまう人もよろしくありません。

②2つ目は謙遜さです。勤務年数が長いことを理由に店長や社員を軽く扱ったり、パートさん達のボスとして君臨したり、上から目線で仕切る人がいますが、教える立場のリーダーさんは仕切り役というよりは、見守って助ける、下から支えるのが務めです。

③3つ目は温和です。教える人は温かく見守り、大きく構えて、失敗をカバーするようでなくてはなりません。仕事に厳しいのは良いのですが「制服着たらみんなプロ。何年やっていようと入社したてだろうとお金をいただく以上はプロとして失敗は許されないからね」とろくに教えないのに追い込むのはいただけません。「みんな同じ失敗してきたから大丈夫よ、気をつけてね」といった温かい言葉を掛けられるようになりたいものです。

「人は思ったようには育たない」という大前提を受けとめ、できなかった人が一つひとつできるようになって成長するの

を見るのが楽しみだと感じられる人が適していると言えます。

◆先輩パートさんの３つの役割

　教える人には３つの役割があります。「お手本として」「先生として」「先輩として」の３つです。

①お手本として

　まず、新人のお手本となるように、正しい作業を行うことが求められます。

おまけとして「こうやった方が速い」「こうした方が安全」「この方法だときれい」「こうしたらむだがない」といった作業改善のアイディアを気に掛けておいて欲しいです。いいやり方を自分だけで留めずに、みんなができるようになるとみんなで前進できるからです。

②先生として

　後輩が短期間で自信をつけて「私ここでやっていけそうです」と思ってもらえるような教え方の技術を磨いていただきます。

③先輩として

　人間関係の良い職場で働くことは日本中のパートさんの悲願です。円満な人間関係の職場になるように、先輩としてその雰囲気作りにご協力いただきます。

2．何を・どの順番で・どのレベルまで教えるかを決めておきます

　多くの企業にはオペレーションマニュアル（作業のやり方が書いてあるもの）は用意されています。ですが、その内容を対象者（新人・中堅・管理者）によってうまく使い分けられません。それを助けてくれるのがトレーニングチェックリストです。

　オペレーションマニュアルはかつてあったのに、お蔵入りしてほとんど使われなかったというのは、このトレーニングのしくみがなかったことが主な原因です。誰が「誰に」「どのように」教えるかを決めると、オペレーションマニュアルが生きてきます。では1つ1つ見ていきましょう。

①トレーニングチェックリスト

　いわゆるトレーニングの時間割です。全てのオペレーションは社員さんかパートさんの「誰か」が実施しています。「どの」オペレーションを「誰」に教えるか、対象者のレベルごとにトレーニングをコース化します。たとえば、初級＝新人コース、中級＝中堅コース、上級＝指導者コース、副店長コース、店長コース、マネジャーコースなどです。

　特に新人さんのトレーニングチェックリストは『教える順番』が最重要です。新人のパートさんがいきなり負担を感じないように、最初に楽しい作業や負担の少ない作業を設定します。

新人のパートさんのトレーニングチェックリストの一例が
こちらです。

こちらでは
・まずはパートさんご本人がマニュアルを見て予習したら☑
・教えた後、できるようになたら指導担当の先輩が☑
をつけるようなしくみにしてあります。

3．どうやって教えるのか

◆トレーニングの４ステップ

どんな作業も「準備」「やってみせる」「やってもらう」「フォローアップ」この４つのステップを踏むことで楽しく速く教えることができます。

トレーニングの
４ステップ

目標
教える技術を向上させよう！

トレーニングは実際に、仕事を現場でやりながら教えていきます。

Step1　準備

・どこで（場所）どの順番で（進め方）など
　教えるイメージをしておきます。
・必要な道具を用意します。
・なぜこれをするのか（目的）を説明します。

Step2　やって見せながら説明します

・注意点やコツをやってみせながら説明します。

Step3　やってもらいます

・ポイントを口にしながら
・教えた通りにやってもらいます。
・できたところをほめます。「そう！そのとおり！」

Step4　フォローアップ

・質問を受けます。「質問はありますか？」
・できていないところは、できるまで
　やってもらいます。
　「惜しいな～ここをもう１回やってみて」

ステップ①　準備

・教える先輩はトレーニングの流れをイメージしておきます。

・事前に準備するもの（道具）、こと（根回し＝洗い物を教えるのであれば、他のスタッフに汚れた物を残しておいてもらうよう根回ししておきます。そうしないと他の先輩たちがパッパとやってしまって新人さんに練習させるネタが残っていないことがあるからです）を準備します。

・そして新人さんがやってきたら「Ａさん、今から机ふきのトレーニングをしますね。この机を片付ける仕事の目的は２つあるので覚えてくださいね。１つ目は、お客様のお忘れ物がないかチェックすること。２つ目は、早く机をきれいにして、外で寒い中待っているお客様を早くご案内できるようにするためにやります。」のように、『なぜこの作業をするのか』という目的を伝えます。それから「ではＡさん、今私が話した目的２つを言ってみてください」と理解したかどうか復唱させて確認します。

　どんな作業でも目的があります。安全のため、衛生のため、おいしく食べていただくため、次のスタッフさんを助けるためなどなど。一番最初に「なんのためにこれやるの？」を知ってもらうことは、その先を自分で考えて仕事ができるようになる土台をつくります。こうやって学ぶ準備をしてもらいます。

ステップ②　やって見せながら説明します。

　ポイントは「見せながら」の部分です。ただ黙々とやって見せるのでもなく、ただ口頭で説明するだけでもありません。やって見せながら、そこに説明を上乗せします。「やって見せる」が何よりツボです。そうすることで教える人はずーっと長時間一方的に話し続けることはなくなります。そして教わる方は「やり方を見せてもらえる」これはシンプルでいい教え方です。やってみせながら注意点とコツを伝えます。教える人は事前にマニュアルで、「こういうやり方をしたら指を切ってケガをしてしまう」などといった注意点を予習しておけばうまく教えられます。

ステップ③　やってもらう

　「やってみせた通り」にやってもらいます。このときに、最大のポイントは注意点やコツを「口に出しながら」やってもらうことです。口に出してもらうことで、本人が本当に理解しているのかがわかるからです。お手本の通りできたら、その都度、「そう、そう！いいですね！その通り」などとマメに認めます。細かく、繰り返し認めると効果的です。なぜかと言うと、新人のパートさんは基本的に自信がありません。その上先輩にすぐそばでじぃーっと見られていると、緊張してなかなかうまくできません。ですから小さなことでも「OKですよ！」と認めることで小さな自信を積み重ねてもらえます。教える先輩はお決まりの決め台詞を持っておくとよいです。「いいですよ！」「そうです！」「その通り！」とい

った相槌など、自然に認める言葉が口から出るように身につけたいものです。

ステップ④　フォローアップ

　ここでよくできました！と承認したら「質問はありますか」と質問を受けます。出来なかったところは、できるまでやりなおしてもらいますが、ダメ出しの仕方も少し工夫ができます。「あ〜ダメ！ダメ！」よりも、「あ〜惜しいですね。ここはこうやってみてください。」と言ってもう一度やりなおさせるほうが、前向きな気持ちになると思います。

　この４つのステップは、親が子育てをするときに無意識に使っている手法です。私たちは幼い時、大人がやっているのをやって見せてもらい、それを真似して、１つ１つのことを覚えてきました。お箸の持ち方、靴の揃え方、大人になって名刺の受け渡しの仕方などなど。私たちが無意識に人を育てるときに使う手法だから、最も自然で効率が良い教え方なのです。だから「世界最速の教え方（自称）」と私は呼んでいるのです。

◆教え方のよくあるNG例

　現場では残念な教え方をよく見かけます。次のNG例は私のトレーナー人生20数年のなかで最もよく見かけた代表的な「あるある例」です。みなさんの職場にも「あ、うちにもこういう人がいる」と思われるかもしれませんね。

①ひたすら語り続けるタイプ

　例えば、レジのトレーナーが、クレジットカードの操作方法について20分ほど延々と説明を続け、教えられている新人のパートさんも「はい、はい。」とずっと頷いていますが、まちがいなく頭に入っていないと思うような光景を見掛けませんか。一所懸命であっても一方的に話してあげた内容はほとんど理解されていないと考えていいと思います。やってみせてやらせてあげないと、できるようにはなりませんね。

②見て盗めタイプ

　スーパーマーケットでは技術が求められる生鮮部門などに多い気がします。飲食店や旅館、介護の現場などでもよく見られますが、ちょっと今は通用しない気がします。

　「仕事は見て盗め、教えてもらえると思うな」と言っている先輩がいます。最初から教えるつもりがないから、やり方を見せる時も、目にも止まらぬ通常スピードでささっとやってみせます。これでは理解したくてもできません。

　また、注意点やコツを説明せず、黙々とやってみせても、教わる側はどこを見たらいいのか分かりません。何を見るべきか示し、「ここを見て、見える？」と確認しながら、意識して見せます。

③「人は失敗しないと育たない」と思い込んでいるタイプ

　これも本当に多いと思います。確かに失敗から学ぶこともちろんあります。でも経験のない日の浅い新人のパートさ

んに、わざわざ失敗を経験させて自信をなくさせるよりも、うまくいく方法をやってみせ、繰り返しやってもらうことで早く自立してもらう方が得策だと思います。教えずして失敗から学ばせようとすると、すぐ辞めてしまいます。

④リアルお客様ぶっつけ本番で経験を積ませようとするタイプ

「リアルのお客さままで練習するのが一番、ロープレなんかでは身につかない」。実践あるのみで、トレーニングという考え方が全くないケースです。ですが、ロールプレイングもせずに現場に放り込めば大変なことになります。

あるチェーンのサービスカウンターで、高速バスのチケット販売をご希望されたお客様がいました。そのサービスカウンターにいた先輩のチェッカーさんは、絶好の機会と言わんばかりに新人のパートさんを呼び寄せ、お客さまへの応対を教えながらやらせていました。めったに来ないサービスメニューをリアルに教えてあげたい気持ちはよくわかります。そういう時は先輩のチェッカーさんが、まずは自分が応対してお手本を「やってみせる」のが先ですね。新人さんにいきなりお客さまの応対をやらせてしまうのは、お客さまにも失礼ですし、新人さんもパニックで大して覚えられないのです。

新人さんが辞めやすいこれらのNGな教え方が減ると良いですよね。チーフをはじめ、ベテランのパートさんが良い教え方の技術を身につけて、新人パートさんの楽しくて効率の良い指導に当たってもらいたいです。

◆教え方6つのポイント

　新人のパートさんに、短期間で自信を付けて、「ここでならやっていけそうかも」と思ってもらえるようにするには、教えるときのコツがあります。6つのコツを見てみましょう。

①分かりやすい言葉を使いましょう

　小売業の現場では業界固有の言葉が頻繁に使われます。ですが、新人のパートさんからすれば、何のことを指しているのかさっぱり分かりません。

　例えば「バット」「オープンケース」「平台」「エンド」など。「エンドに集合」と言われて、どこを指しているのか分からず、遅刻してしまったという笑い話もあります。先輩が普通に使っている業界用語は、分からないことだらけなのでイチイチ教えてくださいとは切り出せないのです。先輩のパートさんは「そんなことくらい聞けばいいのに」と思いますが、そうはいかないのです。一般的に聞き慣れない業界用語を使うときは、相手が分かっているか注意してあげましょう。

　もう1つは、あいまいな言い回しです。「ちゃんと」とか「早く」と言われても、どうちゃんとするのか、どのくらい早くすべきか、相手は分かりません。例えば、「早く」と言うときは、「30分で売場に並べてもらっていいですか」のように伝えてみましょう。「早く」だけでは、5分以内なのか、30分以内なのか、仕事の流れも分からない新人には知る由もありません。

　普通に使っている「ていねいに」という言葉も意外とあい

まいです。「丁寧にお見送りして下さい」と言うよりは、「入口まで行って、両手を前に添えて、お辞儀をして、お見送りをしてください」といったように、具体的に教える方がはやくできるようになります。

あるパートさんが「店長が今年は暑くなるからそうめんコーナーをガツッと作ってくれ」っていうのですけど、ガツッてどれくらいなのでしょうね。とボヤいていました。あいまいな言い方は日常にあふれていますね。気をつけたいものです。

②一度に伝えるのは３つまで

ある店舗での朝礼の話です。「まず〜」「次に〜」「あと〜」「そして〜」……。店長の話が延々と続き、聞いているパートさん達もうんざり。（長いな〜いつ終わるかな〜）で頭の中はいっぱい。こんなとき店長はどうしたらよいのでしょうか。

いろいろ言いたいことがあっても、３つに絞ることです。冒頭で「今日の話は３つです」と言います。そうすると、相手も気持ちの中に引き出しを３つ用意して、集中して聞いてくれます。「言ったのにやってくれないな」と思ったら、まず、自分の話し方がどうだったか振り返ってみたいものです。「まず３つ覚えて下さい」と言うと、話の内容を忘れたときでも、店長〜 ３つ目は何でしたっけ」と聞いてくれるようになります。

③やって見せることで正しいお手本を示す

　長々と話せば相手に伝わるというものではありません。かえってうんざりです。「百聞は一見に如かず」。話すよりもお手本を見せた方がいい場合があります。図を見せて説明するのも1つの方法です。

④「分かったかどうか」はやってもらえばすぐ分かる

　教えた後「わかりましたか？」とついつい私たちは言ってしまいますが、相手の返事は決まって「はい」ですよね。しかも理解していないことが多い。わかったかな？と確認する方法は、「やってもらい、ポイントも説明してもらう」と、本当に分かっているのか確認できます。

⑤なぜそうするのか理由を話そう

　「お客さまをお待たせしないため」など、仕事には必ず理由があります。「なぜそうするのか」を理解してもらえると、記憶に長くとどまる効果が期待できます。「ほぉーそうなんだ〜」とか「へぇ〜」と思える納得感の強いことは、記憶の深いところで止まり、なかなか忘れないからです。

⑥「認める」言葉掛けをしよう

　「認める」と「褒める」はとても似ていますが、少しだけ違います。「認める」の方が少し取り組みやすいです。
　パートさん達の良いところを見つけて、ほめてあげたいのですが「良いところ（別に普通だしな〜）」がわからず「ほ

め言葉が出てこない（自分もほめられて育ってきていないので言葉のバリエーションがない）」そんな方は、例えば、隙間時間にサッカー台を拭いてくれているチェッカーさんを見かけたら、「〇〇さん、サッカー台を拭いてくれているんですね。ありがとう。」とだけ言ってみるのはどうですか。外れかけたポスターを貼り替えてくれている人には、「おっ、ポスターを貼り替えてくれているんですね。ありがとう」と。見たそのままを実況するのです。それだけで声をかけられたパートさんは、「店長・チーフは私のことをちゃんと見てくれているんだ」と安心するのです。男性社員さんが「〇〇さん、やってくれているんですね。ありがとうございます」と一言声をかけるだけでどれだけ職場の雰囲気はよくなることでしょう。だいたい女性はひとこと多く、男性はひとこといつも足りないのです。あと1歩、お互いに歩み寄れるなと思います。

◆人間関係が平和に保てる教育が必要です

「自分は間違っていない」「あなたが間違っている」不完全な私はすぐそう発想し、人を責める心が言葉となって口をついて出てしまい、人を傷つけてしまいます。育ちも違い、縁もゆかりもない様々な生活事情を抱えた他人同士が集まって働く職場ですから、何の努力もなく人間関係を良好に保つのは不可能です。人の定着にとって、職場の人間関係は何よりも大切です。雰囲気の悪い職場では新人のパートさんが長続きしません。人間関係をよくするのも悪くするのも、「口（言

葉）」の制御がカギです。とくに影響力ある人の一言は大きいですね。

　たとえば、社歴の長いベテランパートさんや、ポジションの力がある社員さんなど。そんな大きな影響力を発揮する立場の人が話す言葉は、無思慮な言葉ではなく、周りの人を温める言葉を増やしていただきたいものです。

①あいさつやお礼など、上司先輩から先に、「名前」を付けて声をかけるよう心がけます。

　通常は後から出勤してきた人があいさつを先にするのが慣例ですが、新しい人が出勤してきたのが目に入ったら、上司や先輩から率先して声をかけてあげると「あ、この先輩は私の名前をい覚えてくださったんだ」と安心できます。名前は人が一生付き合うもの。その名前を先輩や周りの人が大事にしてあげると、自分が大事にされているように感じます。

　「○○さんおはよう」「○○さんお疲れさま」「○○さんありがとう」といった具合です。

②相手の目を見て話を聞きます。

　ちゃんと聞いてくれているという安心感を相手に与えるには、相手の目を見て話を聞くことが大切です。相手の目を直視できない人には不安を感じるものです。

③命令するのではなく依頼風味で指示します。

　若手の店長やチーフは、一回りも二回りも年齢が上の、自

分の母親以上のパートさんを部下にもち、仕事をしています。年配者の部下に気持ちよく動いてもらうには、例えば、「○○さん、それ終わったらでよいのでこれもお願いしてもいいですか。」といった、敬意の感じられる話し方が望ましいです。

　年上の部下だらけの毎日で「言いにくいな〜」と躊躇して指示が出せないと、チーフが全部仕事を抱え込むことになります。「僕がやった方が速いですから」といって、全部抱え込んでしまうのです。これが長時間労働の根源にもなり、仕事を任してもらえないパートさんも「私は信頼されてないのね」とすねてしまいます。うまく頼めるようになると、「そんなこと私がやってあげますから」とどんどんお任せできるようになります。若いチーフさんは、自分よりこの職場に精通している、自分の親みたいな年齢のパートさん達に、どう接したらよいのか正直わからず、固まっておられる姿をよく見かけます。部下とはいえ年上でキャリアも長い方々には、敬意をこめ、でもしっかり仕事を頼む姿勢で、動いてもらえるようにしていきましょう。

④ほめるときは人前で、注意するときは人のいないところで

　褒めるときはみんなの前でほめることは構いませんが、叱ったり注意するときは当事者と二人きりで行いたいものです。これは病院であった事例ですが、出産育児で一度辞め、久しぶりに職場に復帰した看護師Ａさんがいました。そのＡさんがちょっとしたミスをしました。そのミスについて、直

属の上司である主任のＢさんはいきなり全員がいるミーティングで「Ａさんがこんなミスをしました。みなさんも注意するように。」と名指しで申し送りが行われました。Ａさんはみんなの前で公開処刑された気分だったそうです。こういう場合は、できればＡさん本人にあらかじめ、「あなたのあのミスは誰でもありうることで、みんなの注意喚起のためになるから、申し訳ないけれども申し送りのときに話をさせてもらってもいいかしら」と一言こう言っておけばよかったですよね。突然、皆の前で言われてはいたたまれなくなってしまいます。誰かの失敗を皆に話す時には、一言話しておくなどの気配りが必要です。

　もう１つ気をつけたいことは、先輩や上司が、誰かのミスの教訓をいろんな人に共有したいとき、近くにその失敗した当の本人がいて、ギリギリ聞こえている声の大きさで、なんとなくひそひそ言うことです。これは悪口を言われているようで心穏やかではいられません。

　このように失敗から教訓を得たいなら、当の本人とは２人きりで話し終え、さらに職場で共有する場合には、全体で話す巧みさが求められます。先ほどの先輩パートさんも、他の人が同じ失敗をしないように「良かれと思って」話しているのかもしれませんが、この「良かれと思って」は案外不愉快の種になりますね。本人を傷つけないよう配慮したいところです。

⑤自分の失敗話を話してあげよう

　先輩パートさんは、自分の失敗話を率先して話してもらいたものです。スーパーマーケットでは、こんな失敗がありませんか。

・特売商品の発注を飛ばしてしまった。売価変更を行わずに売場に並べてしまった。

・お客さまの問い合わせに対し、よく聞こえなかったので返事をしなかったら、相手のお客さまからきつく叱られた。

・元気にあいさつをするように言われたので、思いっきり大きな声であいさつをしたら、「専門店だから程度をわきまえるように」と注意された。

　新人さんが落ち込んでいる時、大先輩の失敗話は元気を与えます。失敗話を皆に話してあげると、「○○さんみたいな大ベテランでもそういうことあるんですね」と相手の心にゆとりが生まれ、気持ちを暖かくしてくれますね。上司先輩は、とっておきの失敗話をぜひ用意しておきたいですね。

⑥職場にきつい人がいたらフォローしておこう

　話し方がきつい人によくみられることは、「言っていることは正しい」でも「そんな言い方しなくても……」ということです。こういうのは本当にいつも困りますね。

　このような場合は、チーフなどが、「あのC先輩は言い方がちょっときついけれど、裏表のない、いい人なんだよ」とフォローすることができます。これでは根本解決にはなりませんが、周りのパートさんはこのチーフの言葉からきっと

「あの人もいいところあるんだ」と思うはずです。一緒になって悪口をここで言っては逆効果です。

　ボスパートさんにあれこれ言われて新人のパートさんが辞める時は、「私だけが嫌われている」と追い詰められていることが少なくありません。そうしたときに「私たちみんなもあの人には同じことを言われてきた、同じように感じている」と一言言ってあげると、新人のパートさんはほっとします。

　ただ、これらの解決策は根本的ではありません。ボスパートさんを放置したままでは、職場の雰囲気が悪くなり、新人さんがすぐ辞めてしまいます。こうしたいわゆるきつい先輩は「自分がきつい」という自覚はほぼありません。「私は正しいことを言っている。お客さまのため、お店のために正しいことをしているだけだ」。こんなことを思っているのかもしれません。でも、その思いが強くて、周りの人にきつい言い方になり、傷ついて辞めてしまう人が出るのは正直迷惑です。

　こういうボスパートさんをどうするかはいつも本当に困りますが、まずは直属の上司がそのことを指摘させてもらうところがスタートラインのように思います。就業中の態度に口を挟む権限のある上司がきちんと話すべきです。

　単刀直入に「あなたはきつい」と言うのでなく、「言い方を少し工夫して話してくれると助かります」といったよう

に、お願いする姿勢で説得します。店長とチーフが一緒に話すと、解決の道が見えてくるかもしれません。そのボスパートさんの言い方のせいで過去に何人も辞めていた事実があるなら、正直にそのことを本人に伝えます。

　あまりうまくいったケースではないのですが、言い方がきついボスパートさんを正式なリーダー役に据えて短期間やや改善した例もあります。その店舗では、社員の異動が頻繁にあり、新しく来る社員さんたちがベテランの自分の働きを全く認めてくれていないといった不満がそのボスパートさんにはあったそうです。そこで、社員さん達はその人を正式にトレーナー役に据えて、相手に対する言い方が大切なので、気を付けてくださいと単刀直入に伝えたら、改善したといいます。これはレアなケースですし、結局そのお店では、その人のきつすぎる言い方は直らず、社員もうんざりして接し方に困り、不満がやっぱりたまっていったその方は辞めました。（辞めてくれて社員さんたちはホッとしていました）。
　言い方のきつい人を影響力のある立場にするのは傷を広げるため、危険でお薦めしません。ただこのケースから私が学んだのは「ご本人」に直接、言い方を工夫してくださいと率直に頼んだことは役に立つことがあるということでした。ご自分は悪いことしている自覚がまったくなかったからです。

　スーパーマーケットできついパートさんがいると、店長たちは決まって「ホントは辞めさせたい」と言います。でも「人

手不足だから無理」ということもあって、辞めさせられず、そのまま放置しています。放置しても何も改善されるわけではないので、社員もパートさんも退職者は後を絶たないままです。

きついパートさんも、初めからそうだったわけではないかもしれません。「あの人に任せておけば大丈夫」と任せっきりにしてきた結果、ボス化してしまったのです。ですから、これは企業の責任であり、過去から今へ至る全店長の責任です。きついからといって、何もせずにただ「辞めてくれないかな〜」と願うのはあまりに身勝手に思います。

まず、言い方を工夫してくれるようにお願いをして、それでもだめならば、「あなたの言い方で辞めてしまう人がいる」という事実をきちんと話し、ご本人の言い分にも耳を傾けてみることでしょうか。これは私も試行錯誤中です。

人づくり5つのしくみその5
【仕事ぶりを評価するしくみがあるか？】

「評価制度」とか「考課」と書いてしまうと、どういうわけかとたんに現場はあまり関係なく、人事部の仕事のような印象を受けます。評価表は書いて人事部に提出するものだと思っているからでしょうか。本来の姿から考えれば、人事部

はおまけのようなもの（ただの事務局）でしかなく、現場の
当事者同士が日ごろの仕事ぶりを確認しあう道具なのです。
いろんな評価表を各社で作っておられますが、本来の意味で
活用されているところはほんの一部ではないでしょうか。

　大事なことは、
　・パートさん達は自分たちに何を期待されているのか知り
　　たい
　・パートさん達は上司が自分の仕事ぶりをどう思っている
　　のかも知りたい
　・時給も年功序列しか浮かばないけれど、積み重ねている
　　知識や技術は認めてほしい
　・評価を時給に反映してほしい人もいれば、そうではない
　　人もいる（103万の壁などが気になるから昇給は困る）
　・評価という制度は、現場の最前線で働くパートさん達一
　　人ひとりが成長するために使われなくてはならない
　・ちなみに年に１回とかだと、上司もパートさんも前回の
　　結果からの経緯を完璧に忘れていてあまり効果ない
　・仕事ぶりを認めるのは毎日３分、ふりかえりは週に５分
　　その積み重ねが力になる

　いろんな評価表や運用の頻度があってよいと私は思います
が、上記を気にかけてやっていきたいなと思っています。賃
金に反映させる大規模な制度設計で悩むくらいなら、真にパ
ートさん達にやって欲しいことを紙に書いて渡し、毎日帰

り際に3分間でフィードバックする（今日、これよかったです！）。これだけでもずいぶん変わっていきますし、ボスパート化してしまう前に、いろんなことを社員さんが主導して軌道修正すれば、今みたいなボスパートさん達は発生しなかったかもしれません。

　「評価」などとかしこまるのではなく、「これありがとうございます」「これは次からはやめてください」を小さくコツコツお伝えすることこそが、業績を伸ばすことにつながり、社員さんがパートさん達の上司として立場を保て、無為な退職者を減らすことにつながると私は信じています。

成長シート弊社例

部門名
所属 里山ワーズ部門
ワークショップ担当

	成長要素	等級／意味	着眼点	配分	成長基準 1	2	3	4	5
期待成果	1 宿泊客等接満足度	★★★★★の平均	1か月単位で判測	0.5	0～0.9	1.0～2.9	3.0～3.9	4.0～4.9	5
	2 月平均客単価率	毎月ご利用いただいているうち、何%がご利用いただけたか	1か月単位で判測	0.5	～29%	30%～39%	40%～49%	50%～59%	60%以上
	3 ワークショップ開催回数	営業日の80%が目標	1か月単位で判測	0.5	～4回	5回～9回	10回～14回	15回～19回	20回以上
	4 ワークショップ受入人数	何名がワークショップに手札して参加しているか	1か月単位で判測	0.5	0～9名	10名～19名	20名～39名	40名～59名	60名以上
	小計			2.0					
重要業務	5 ワクワクするワークショップイベントの企画	企画を作成し提出しているか	企画書枚数（質より量）	2.0	その業務をやっていない	その業務を少しやっている	その業務を基本となるやり方で実施している	その業務を優れたやり方で実施し、他の社員に指導している	その業務を優れたやり方で実施し、他の社員に指導している
	6 ワークショップ講師の確保	ワークショップ講師陣の発掘、新規を探している	新規獲得	2.0	その業務をやっていない	その業務を少しやっている	その業務を基本となるやり方で実施している	その業務を優れたやり方で実施し、他の社員に指導している	その業務を優れたやり方で実施し、他の社員に指導している
	7 ワークショップイベントカレンダーの管理	HPのイベントカレンダーをこまめに最新情報に一度つくる	変更24時間以内	2.0	その業務をやっていない	その業務を少しやっている	その業務を基本となるやり方で実施している	その業務を優れたやり方で実施し、他の社員に指導している	その業務を優れたやり方で実施し、他の社員に指導している
	8 イベントの発信	インスタ、公式LP、新聞などにビーイベント情報を1か月前に発信しているか	1か月前開始	2.0	その業務をやっていない	その業務を少しやっている	その業務を基本となるやり方で実施している	その業務を優れたやり方で実施し、他の社員に指導している	その業務を優れたやり方で実施し、他の社員に指導している
	9 ワークショップ講師との支払い金管理	会場費の集金とレジスへ金を毎日しているか	毎日精算	2.0	その業務をやっていない	その業務を少しやっている	その業務を基本となるやり方で実施している	その業務を優れたやり方で実施し、他の社員に指導している	その業務を優れたやり方で実施し、他の社員に指導している
	小計			10.0					
知識・技術	10 収支管理の知識	マネーフォワードで果実／請求／会計仕訳けまで知る知識		0.5	持っていない	持っていない	持っていない	持っていない	持っている
	11 万種ノートで企画書	企画書を万種ノートで提出する知識		0.5	持っていない	少し持っている		応用的なことまで知っている	持っている
	12 インスタなどSNS投稿・編集技術	発信コメントへの返信ができる知識		0.5	持っていない	少し持っている	基本的なことは知っている	必要なものはすべてで持っており、他の社員にも教えることができる	持っている
	小計			1.5					
勤務態度	13 責任感を持って仕事をすること	困難な仕事に責任をもって最後まで取り組んだか		2.0	与えられた業務を最後までやり通すことができなかった	与えられた業務は最後までやり通すことができたが、苦労があった			どんな困難なことも自ら進んで取り組み最後までやり通すことができた
	14 周囲や後輩が困っているような先方を見ていないこと	忙しさでも周りの仲間やお客様の気持ちを読み取りながら行動していたか		2.5	自分の仕事だけで精一杯で、周囲に配慮する余裕がなかった	与えられた業務に集中するあまり、周囲への気配りが足りなかった	多くの場合において自分の仕事に集中しつつ、周りに対する配慮もできていた		自分の仕事のみならず、周りの状況を見て積極的にサポートし、チャレンジして行動した
	15 困難性に取り組むこと	困難な仕事にも自発的に、積極的に取り組んだか			困難な仕事に、ほとんど取り組むことはなかった			困難な仕事に率先的に取り組み、周囲にもよい影響を与えるなど、率先して行動した	
	小計			6.5					
	合計			20.00					

社員コード
社員名
実施日
成長支援者
成長確認 本人 上司

※引用 株式会社ENTOENTO成長シート®を参考にさせていただいています。
長年いろんな会社の評価表を拝見して来ましたが、私が最もおすすめするのが、こちらの成長シート®です。

ここまでお話しした人づくりのしくみ５つを図にするとこうなります。

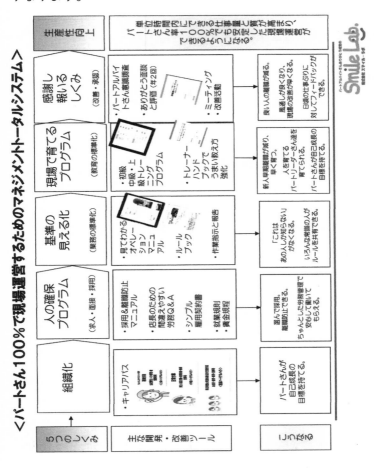

＜パートさん１００％で現場運営するためのマネジメントトータルシステム＞

主体性向上
単位時間内にできる仕事量と質が高まり、パートさん毎月１００％でも安心してもらうことができるものになる。

５つのしくみ	組織化	人の確保プログラム（求人・面接・採用）	基準の見える化（業務の標準化）	現場で育てるプログラム（教育の標準化）	感謝し報いるしくみ（改善・承認）
主な開発・改善ツール	・キャリアパス	・採用＆離職防止マニュアル ・店長のための間違いやすい労務Q&A ・シンプル雇用契約書 ・就業規則 ・賃金規程	・見てわかるオペレーションマニュアル ・ルールブック ・作業指示と報告	・初級・中級・上級トレーニングプログラム ・トレーナーハンドブックでうまい教え方強化	・パートアルバイトさん意識調査 ・ありがとう面談と評価（年2回） ・ミーティング・改善活動
こうなる	パートさんが自己成長の目標を持てる。	選んで採用、離職防止ができる。ちゃんとした労務管理で安心して働いてもらえる。	「これはあの人しか知らない」がなくなる。いろいろな業務のルールを共有できる。	新人早期離職が減り、早く育つ。人を育てる、パートリーダーさん達を育てられる。パートさんが自己成長の目標を持てる。	良い人の離職が減り、風通しが良くなり、現場の改善が早くなる。日頃の仕事ぶりに対してフィードバックができる。

<巻末付録その１＞
パートさんを敵に回す店長のあれこれ10選

1．「で？結論は？」

　クレームの経緯を一生懸命話しているパートさんに「で？結論は？」と急かす。女性の多くは起きた案件について時系列で説明する場合が多いです。それを無視して、「長い説明はもういいから結論だけ話してくれる？」と、話の腰を折ると嫌がられます。あの店長は話を聞かない人だと。急いでいるときは「詳しい経緯は後でじっくり聞くので、いまは対応を急ぐので結論から教えてください。」と、伝えればそれでおさまる話です。話が長いのはお互い様です。話す順番が異なることを知っておけば、不要な関係悪化を防ぐことができます。

2．「話は両方からきかないとわからないからな〜」

　「○○さんが……ああでこうで」と誰かの悪行について直訴してきたとき、うっかり言っていませんか？

　「そういうのは両方から聞かないとわからないのでなんとも言えませんが」と正直に言いすぎないことです。これをうっかり言うと「私が自分に都合のいいことばかり話しているとでも言いたいんですか？」というまた別の憤りが発生してしまいます（私も経験があります。これを言った男性上司には二度と相談なんかしないと思いましたからね）。誰かと誰かの間でトラブルが起きた時は確かに双方からの事情を聴く

必要がありますが、それをそのままストレートに言う必要はないのです。「そうでしたか。何があったんですか?」と事実をできるだけ話してもらうように尋ねます。双方の話を聞いたとしても実際に発生現場をタイムリーに見ていないとなんとも言えない場合が多いのです。だとしても、話に耳を傾け『気持ち』を汲み取ってあげるだけでも、ずいぶん違います。聞いてもらえるだけでも人はある程度、元気になるものなのです。

3.「そんな細かいこと別にどうでもいいから」

　細かいことに気が付くのが多くの女性パートさんの強みです。とくに誰かの良くない点や至らない点を見つけさせると一流です(笑)。こちらとしてはそんなこといちいち言いに来てくれなくていいのにと思うこともありますが、まずはめんどくさいことを言いに来たとは顔に出さずに、耳を傾けましょう。細かいことまで店長がすべて把握するのは無理です。自分が見えていない部分を「教えてくれてありがとう」と感謝する姿勢を見せていきましょう。とはいえ、人の至らないところを見つけて店長に言いつけるだけでは成長がありませんので、「そこからどうしたら良くなるかな?」と質問返しで一緒に考えてくれる思考を鍛えていきましょう。

4.「でも」

　時に「こうしたらいいと思うんですけど」という改善案を話してくれるパートさんも中にはいらっしゃいます。とはい

えいろんな事情で「それいいですね！ぜひやってみてください」と言ってあげられない時がありますよね。たとえば「これって最初はキャンペーンで〇〇円引きで、まずはお試ししていただくのはどうでしょうか」とか、値段に係るところは店長決済で変えられないことも多いです。値引き案も安直ですし。そういうときに「でも〜」ばっかり上の人が言っていると「何か発案してもいつもでもでも言って動かない上司に提案するのはムダ」という烙印を押されてしまいます。それはもったいないです。そういう時は「でも」の代わりに「じゃあ」を使ってみてはどうでしょうか。「でも値段下げるのはできないんですよ」と言うところを「値段下げるのもありかもしれないですけど、じゃあ逆に、値段下げなくても新サービスを試したくなる方法って何がありますか？」など、前向きに話を持っていくこともできます。とにかく「でも＝否定・拒絶・できない理由を並べる」は感じ悪いのでなるべく使わずに一緒に考えられるとよいですね。

5.「チッ。また休みか」

　お子さんが小さいパートさんが電話してきました。朝、お子さんが急な発熱や嘔吐で今日出勤できないと。電話を切った後についつい「チッ。〇〇さんはやっぱり休み多いな〜仕方ないけどな〜」なんてボヤキを誰かに聞かれてはいませんか？総務のパートさんとかに。これはお昼休みなどパートさん達が集まるときに総務のパートさん経由でみんなに絶対に言いふらされていますよ。「店長はお子さんが小さい方はい

つでも遠慮なく言ってくださいねとか表では言っているけれど、実際電話がきたら陰でチッとか言っているのよ」なんて。お子さんの具合が悪くて職場に頭を下げるのはママさんパートさん達の苦痛の一つ。そこに裏表のある対応をしているのがバレると信頼関係が揺らぎます。

6. びんぼうゆすり

　パートさんの話を聞いているとき、無意識に貧乏ゆすりをしている店長を時におみかけします。無意識だったり癖だったりするかもしれませんが、目の前でやられる側としては「何イライラしているのだろう」ととても不安や不愉快になります。

7. ペン回し

　同じくペン回しもです。無意識で回しているのでしょうが、話を聞く気がない雰囲気が伝わってきます。そうではないとしても、社長の話を目の前でペンを回しながら聞く会社員もいないでしょう。相手が部下かつパートさんであっても敬意を込めて聞く姿勢をお願いしたいものです。

8. 顔見ないで話す

　パソコンを覗き込んだままパートさんの話を聞いていた店長の話は前述しましたが、失礼ですよね。かくいう私も子供たちが話しかけているのにパソコンの方を向いたまま生返事をすることがよくありました。すると子供たちもタブレット

や携帯から目を離さずにこちらの問いかけに返事をしている
ことに気が付きました。家族でもカチンときますね。こちら
の話を聞いてるんかい!?と。職場の関係性を良くしていく
には、こういうささいな会話の姿勢をあるべき姿に戻してい
く必要をとても感じる今日この頃です。

9．高速うんうん

　パートさんの話をうなずきながら話をきいてくださる店長
は、パソコン見ながら話を聞く店長よりよっぽどましです。
ですが、「うんうん」が速すぎてまったくこちらの話と噛み
合っていない場合は、とても適当に聞いている感じが否めま
せん。とくに「うんうんうんうん」と4回連なる癖がある場
合は少し意識して2回くらいにしていただけるとちょうどよ
いかと思います。この店長は私の話を軽く聞いているのかし
ら？と思われるのは、とてももったいないことです。

10．「まっ、仲良くしてくださいよ」

　例えば「店長！〇〇さんが自分のレジ当番の時間帯にレジ
に入らずに平気な顔をしているんです。それで私が指摘した
ら、仕事が終わらないからレジなんか入りたくないですって
言うんです。店長からも言ってくださいよ」みたいな誰かの
至らない点を訴えてくるパートさんがいるとしますね。こう
いうときに「まあまあ仲良くしてくださいよ」で丸く収めよ
うとすると反感を買われます。ケンカしているのではないの
です。決めごとを守らない人がいるので店長からも言ってく

ださいよという直訴です。パートさん同士でこういうのを注意しあうのはとても難易度が高いのです。（なんでパートのあなたに注意されなくちゃいけないわけ？）というまた別の反感が生じる危険性があります。こういう場合は注意する権限のある社員さんや店長ならパートさんも決めごとに従いなおしてくれる可能性が高いのです。こういう細かいことを放置するとそれが当たり前になってしまい、（だって社員さんは何も言わないじゃない）みたいに正当化されるもとを作ってしまいます。

<巻末付録　その２＞
パートさんをミカタにつける店長のあれこれ10選

１．ちゃんと顔を見て話に耳を傾ける（傾聴）

　パートさんがどんな話をするときも、顔と体をしっかりそちらにむけて、ちゃんとうなずきながら話に耳を傾ける。これに尽きます。敬意を感じさせる話を聞く姿勢がなっていない時点で相当印象が悪くなります。逆によく話を聞いてくれる店長だというポジションを確立すれば、信頼関係の土台ができます。そうすればいろんなことをこちらからも言いやすくなります。よく新任の店長で赴任早々に「あれがダメ、これがダメ」などと、頭ごなしに矢継ぎ早に変えるべきことを指摘するタイプの人がいます。人間関係ができてしまうと言いにくいからわざとそうするそうですが、言われる側はたまったもんじゃありません。受け入れてもらえる土台を作ったうえで、遠慮なく言い合える方が気持ちよく仕事できるのではないかと私は思います。

２．いつもありがとうございます（感謝）

　「店長、これをやっときました」という何気ない報告を受けたなら、「〇〇さん、いつもありがとうございます」と、名前を付けて感謝の気持ちをぜひ言葉にして伝えていきましょう。「〇〇さんのこれ、このちょっとしたことが、いつもホントに助かるんです」と、些細なことでも言葉にされると嬉しくなるんです。ちょっとしたことなんだけどいつもあり

がとう。小さなことに気づいてもらえるのが嬉しいのです。

3. すごいですね。教えてもらえますか（過程承認）

　新しいポイントカードを導入するときなど店頭でのパートさんのちょっとした声かけが数を積み上げるのに効き目があったりしますね。すごい数を獲得できるパートさんに、結果を見て「すごいですね〜」とほめるのもありなのですが、もっと嬉しいのは過程を認めてもらえること。「すごいですね〜。どうやって声かけているのですか？教えてもらってもいいですか？」と、やっているプロセスを認めるともっと喜ばれます。結果が出ていないパートさん達にも、「一人ひとりお客様に様子見ながら声かけてくださってますね。大変ですよね。ありがとうございます」と過程を承認してねぎらうことは大事です。結果も大事ですが、パートさん達はどちらかというと過程重視です。

4. こういう時ってどうしたらいいと思いますか？（相談）

　店長や上司に相談されると嬉しいですね〜。相談されてもそんなことわかんないし！というパートさんもごく一部いますが、頼りにされて嫌な人は少ないです。日ごろ何も考えていなさそうなパートさんが翌日「店長！昨日のちょっと考えてきたんですけど」となったら嬉しくないですか？言われたことだけやるのがパートさんではありません。自分の意見やアイディアを言ってみたい、やってみたい人もいるのです。そういう人の可能性を広げるのが私は大好きです。

ですので、パートさんに何でも相談していきましょう。

5．お子さん最近どうですか？（家族）

　プライベートな話題に触れられたくない人も時にいますから、相手を選んでやってみて欲しいことなのですが、以前ちょっと話した自分の子どもの部活のことやケガや、受験など、何気なく話したことを店長が覚えていてくれたら嬉しいものです。自分から話してくれるくらいですから、話題にしても安全な人だと思われます。介護の必要な家族のことなど小さなことですが、気遣ってくれるととても嬉しいものです。

6．これお好きでしたよね（好物）

　そのパートさんが個人的に好きなこと（私だと韓国ドラマ最近何か見ていますか？と言われるとちょっと嬉しい）など、あなたの話覚えていますよというサインは嬉しいです。機嫌を取るためにわざわざ好物を買ってくる必要はありませんが、「これ好きなんです」と、何気なく話していたことを覚えていてくれたら嬉しいですね。

7．これお願いしてもいいですか？（依頼）

　パートさんを部下に持つとき、私たちが仕事のお願い上手になれたらそれは理想的なことです。これは私も若い時はまったくできませんでした。私は人に何かを頼むのが苦手で（まあ今もそんなに得意ではないです）、お願い下手でしたから何でも自分で抱え込んで「これは私がやっておきますから

大丈夫です」と言っていました。そしたらある日10歳くらい年上のパートさんに「あなたは私たちを信頼していないんですか？」とややキレ気味に言われたことが忘れられません。そんなつもりはもちろんなく、ただ言いにくいなとか、自分でやった方が早いなとか、どう伝えたらいいかわからないから自分でやっていたんです。その後「○○さんにはぜひこれをお願いしてもいいですか？」と少しずつ仕事をお渡ししていくことができるようになりました。

　私たちは部下に「ありがとうございます」と言われる回数よりも、こちらから「ありがとうございます」と言って感謝する回数のほうを意識して増やしたいですね。

8．ちょっと難しいお仕事をあなたにぜひ（意味づけ）

　新人さんに仕事を教える仕事、商品の発注をする仕事など、ちょっと難しい仕事をパートさんに頼むとき、「これは誰にでも頼めるわけではないのですが」と前置きして仕事を頼むようにしています。誰にでも任せられるわけではない。これは本当のことなので正直にそう伝えます。ですが、節操無く誰にでもこれを言っているとバレますから気をつけましょう。

　そうではなく、本当に大切な仕事だからこそあなたに手伝ってほしい。そう意味づけをして仕事を手渡すなら、しっかりとやってくださいます。めんどくさい仕事をパートさんにやってもらうつもりで軽く振ると、逆に軽く断られる可能性が高くなります。

9. これってなぜこうやってるんでしたっけ？（経緯確認）

　店長として「こう変えてほしい」と明確に思う何かがあるとします。それが接客であったり、陳列だったり、作業時間帯だったりするかもしれません。そういう場合は例えば「これってなぜこの時間にやってるんでしたっけ？」という、これまでやってきた経緯を念のため確認することをおすすめします。何か意図があってそうしているのかもしれません。それを聞いたうえで、「なるほどそうでしたか。今度から〇〇なのでこの時間帯にやってもらえますか？」と理由をつけて変更を指示します。経緯も聞かず、理由も言わず頭ごなしに「変えてください」だけ言われると、大人ですから一応黙って従いますが、これまで何だったの？なぜ変えなくちゃいけないわけ？などと、余計な不満や議論を生みます。あなたの望む方向に気持ちよく変えてほしければ、そこにも敬意が表れるやり方で進めることをおすすめします。

10. 理屈よりも気持ち（共感）

　パートさん達と話をしていて、やはり一番喜ばれるのは、理不尽な日常のあれこれ（偏屈なお客様、自己中心的な同僚、上しか見ていないヒラメ上司、家事に協力的でない家族など）でたまっている心のうっぷんに、共感しながら聞いてあげることだと思います。特に男性の上司は「何か不満を言われたら、それに対して解決策を回答しなければならない」とプレッシャーに思う人が多いようですが、私たち女性はかならずしも抜本的な解決策を求めているとは限らないのです。

そこを勘違いしないでいただきたいです。ただただしんどい気持ちをわかってくれるだけでも随分スッキリし、心が軽くなるものなのです。「それはしんどいですね」「苦労をおかけします」など、あ〜、この店長は私の気持ちをわかってくれる人なんだ。そう思うだけでずいぶんと心の距離が変わってきます。

＜巻末付録その３＞
新人退職率100％だったあのスーパーでボスパートさんと向き合った勇気ある店長のお話

　ご近所のお客様にも有名なボスパートＡさんは日配のご担当。このボスパートさんは60歳後半で、社歴・年齢ともにレジェンドなのですが、何が伝説のパートさんかというと、入ってきた新人パートさんを100％辞めさせる名人なのです。

　売場に出せなかった在庫を裏の冷蔵庫にしまう時、ちょっと場所が違うだけで大声。「だれ!?これここに置いたんは？」と怒鳴り、売場でもちょっと商品の陳列が自分のやり方と違っていると「だれ？こんなんしたんは!?」と大声でどやすのでお客様にもまる聞こえ。怒鳴られた新人パートさんは即辞め。長年それを繰り返してきました。歴代の店長たちも「Ａさんは言うことは別に間違ってないしな」と手をつけられずに来たんだと思います。

　ちょうど僕がこの店の店長になる直前にたまたま赤沼先生の店長研修があって、「きついボスパートさんを放置せんといてくれ」というような話をされていたのを覚えていたんですよね。それで、この店これではあかんと。なんせ近所のお客さんまでＡさんが恐いのを知っているので、新人パートさんの応募が来なくなると思いまして。人手不足なのにこのままでは困るんですよね。

それでＡさんがまた一人新人を辞めさせた後で2人で話を
したんです。「もう何人辞めさせたんかと。言ってることは
正しいけど、言い方がそれではダメです。言い方がひどいか
ら今までの人みんな辞めていって、近所のお客さんも知って
るってどんだけなんですか。僕も仕事がよくできるＡさんは
頼りにしてるんですけど、こんだけ人を辞めさせて採用にか
かった費用とか、育てるのにかかった費用とか損害出してる
ともういつまでも働いてもらうのは難しいんですわ。本部も
そう言ってるし。Ａさんには辞めてもらいたくないから、言
い方きつくして辞めさすのやめてもらえませんか。」と勇気
出してお話したらＡさんそれ以降がんばってがまんしてくれ
てるのか、誰一人辞めなくなりました。ああよかった。Ａさ
んはなんとかなってきたので、次は農産のボスパートＢさん
が問題あるのでまた話をしていこうと思います。

　ああ本当に良かったです。ちょっと注意した程度では効
果がない場合もありますが今回は店長が本気でお話しされ
たこと、辞めてもらわないといけないくらい深刻なことな
んですよと事態の重さが伝わったこと、最悪Ａさんが怒っ
てやめても本部が店長のバックアップ（もめたら助け舟出
すよ！辞めたら応援入るよ！）をしてくださったことが功
を奏したように思います。
　きついボスパートさんにはみんながうんざりしていたと
しても、ご本人はきついとかそういう自己認識はほとんど
ありません。ちゃんと言わなくちゃ！自分ははっきり言う

方なんですくらいにしか思ってない可能性が高いです。それがどういう影響を及ぼしてそれが続くとあなたがどうなるのか、そこまでしっかり勇気を出して話をして下さったこちらの店長にMVPを贈りたいですね。

あとがき

パートさんは、いろんな生活事情を抱えている反面、いろんな職業経験や、子育てや介護経験など、豊かな社会経験があり、能力も非常に高い方も多くいらっしゃいます。能力がないからパートをしているわけではないのです。

今置かれた生活環境の中で、私たちのお店に、できる範囲で貢献してくださる、大きな可能性を秘めた存在だと私は大切に思っています。「私はそんな責任のある仕事はイヤだからパートしているのに」と言われることは確かにありますが、どんな方でも「期待されないよりは、期待されたい」「教えてもらえないよりは、教わりたい」「信頼されないよりは、信頼されたい」。そんな風に思うのではないでしょうか。

ボス化してしまった古参のパートさんも同じです。今となってはもう直せない口の悪さや言葉のきつさ、人への接し方。社歴が浅いうちに誰かが言ってあげれば違う人生だったかもしれないなと。私はそういう方々を見てそう思うことが多々あります。いや、逆にこの人のこの傲慢なふるまいや、人を陥れる狡猾さは生まれつきで、私たちがどう

関わってもどうにもならないかな……と思わせることも正直
あります。ひとくくりにボスパートさんを語れないのです。

　ただ確実に言えることは、最初からボスパートだった人は
いないということです。最初は子猫のように素直で幼かった
方々も、月日を重ねていつしか虎のようになってしまったの
です。虎になる素養はお持ちだったとしても、会社が放置し
てきた結果、増長してそうしてしまったのです。
　男性管理職は、女性パートさんへの接し方を知りません
し、マネジメントのしくみもほぼないので、自身の経験と性
格（キャラ）頼みでしのいでいます。「現場が日々回ってい
れば問題なし」という、人に関する問題への目ざとさも弱い
です。万が一、気づいていたとしても女の修羅場に巻き込ま
れるのは絶対に避けたいので、見て見ぬふりをしています。
これはもうある意味生き残る知恵とも言えるかもしれません。

　女性管理職もパートさんという部下の扱いを学んでいませ
ん。感情と感情がぶつかり合って、これまたしんどい状況が
生まれます。

　小売業社員さんたちは多かれ少なかれ、ボスパート・トラ
ウマに近い経験をしているハズです。上下関係に巧みだった
昭和の私たち世代とはちがう、平成令和の若い社員さんたち
がどこまでメンタルが持つか微妙です。

ボスパートさんを甘く見てはいけないのです。最もお客様に近いところで黒い力を発揮するあの人たちを放置してはならないのです。

　近隣商圏内から働きにくるパートアルバイトさんには可能性があります。期待し、仕事を教えて任せ、ありがとうございますと伝える。あたりまえのこのことを「良いパートの先輩たち」と続けていくことです。人手不足なのは時給が低いから、スーパーは人気がない仕事だからということではなく、「よい先輩」と「ありがとう」が足りないのです。「トレーニング（教える）」せずに「仕事は見て盗め」とほったらかしなのです。

　私は、社員さんの片腕となって後輩を教える、「良い先輩パートさん」を日本中に増やしたいと思って活動しています。この人たちこそが日本の生産性を向上させるキーパーソンだと信じて疑わないからです。あなたもどうぞご一緒に取り組んでみませんか。

赤沼留美子　Akanuma Rumiko

1971年岡山県倉敷市生まれ。大学在学中より、早朝コンビニ、料亭、ラーメン店、スナック、家庭教師、塾講師、歯科助手、食品工場、プロレス警備、製造業事務、公園アトラクションなど20種類超のアルバイトをこなし、それぞれの職場で仕事の中心的役割を担うパートアルバイトさんから、彼らの実力と社会の多くを学ぶ原体験を持つ。

1995年、津田塾大学卒業後㈱ファミリーマートに入社。当時5000店舗10万人のパートアルバイトさんのオペレーションとトレーニングのしくみをつくるチームに主要メンバーとして参画。ゼロからの仕組みづくりの後は、国内外あちこちの店長に伝えて歩く仕事を歴任。

2004年に独立。パートアルバイトさんを戦力として重視してくださる会社を増やしたいと願い、現在はスーパーマーケットなど200社を超える企業に対し、パートアルバイトさんの求人や定着、早く育てるプログラム、後輩指導ができるパートさんの育成などに取り組んでいる。その様子が「NHKニュースウオッチ9」、「おはよう日本」などで取り上げられた。

2022年からは、パートアルバイトさん戦力化の仕組みを自ら実践し、全国のクライアントにお見せしたいと、グランピング事業を開業準備中。コンサルタント自らが自腹を切って経営するというまさに「やってみせる」指導法には定評があり、開業前から予約が次々と入っている。こちらも楽しみである。

現在も中高校生思春期の3人娘の子育てをしながら、コンサルタントとして経営者として「パートさんが元気なら企業は業績向上、家庭も明るい。きっとそんな日本は元気」をモットーに活躍中。

パートさんの取扱説明書<ruby>取扱説明書<rt>トリセツ</rt></ruby>
パートさんは敵かミカタか

発行日	2021年6月26日　第一刷発行
著　者	赤沼留美子（パートアルバイト労働総合研究室）
イラスト	Kazpen
編　集	渡辺末美（イマジン・イマジン）
発行人	籠宮啓輔
発行所	有限会社太陽出版 〒113-0033　東京都文京区本郷4-1-14 電話 03-3814-0471／FAX 03-3814-2366
印刷所	有限会社米子プリント社 〒683-0845　鳥取県米子市旗ヶ崎2218 電話 0859-22-2155／FAX 0859-22-2157

© Rumiko Akanuma 2021
Printed in Japan　ISBN978-4-86723-042-8